Philosophieren mit Kindern

Herausgegeben von Daniela G. Camhy

Matthew Lipman

Lisa

Eine philosophische Geschichte

Übersetzt, überarbeitet und herausgegeben
von Daniela G. Camhy

 ACADEMIA

Die Deutsche Nationalbibliothek verzeichnet diese Publikation in
der Deutschen Nationalbibliografie; detaillierte bibliografische
Daten sind im Internet über http://dnb.d-nb.de abrufbar.
ISBN 978-3-89665-986-6 (Print)
ISBN 978-3-89665-987-3 (ePDF)

Onlineversion
Nomos eLibrary

1. Auflage 2022
© Academia – ein Verlag in der Nomos Verlagsgesellschaft mbH & Co. KG, Baden-
Baden 2022. Gesamtverantwortung für Druck und Herstellung bei der Nomos Verlagsgesellschaft mbH & Co. KG. Alle Rechte, auch die des Nachdrucks von Auszügen,
der fotomechanischen Wiedergabe und der Übersetzung, vorbehalten. Gedruckt auf
alterungsbeständigem Papier.

Besuchen Sie uns im Internet
academia-verlag.de

Vorwort

Das Buch *LISA* ist eine philosophische Geschichte, die im Alltag eines Teenagers spielt. Verschiedene Ereignisse im Leben der jungen Menschen in diesem Buch veranlassen sie gemeinsam über Themen wie Wahrheit, Kultur, Gerechtigkeit, Sexismus, Rassismus, Menschen- und Tierrechte sowie Tod nachzudenken. Im Dialog stellen sie tiefsinnige Fragen zu Identität, zum eigenen Denken und zu zahlreichen philosophischen Themen, die Jugendliche immer wieder beschäftigen. Lisa und ihre Freundinnen und Freunde sind neugierig und haben Mut über den eigenen Tellerrand zu blicken. Sie erhalten Einblicke in unterschiedliche Lebensformen, werden sich ihrer gegenseitigen Abhängigkeit bewusst und beginnen, die Komplexität ethischer Belange und die vielfältigen Fähigkeiten zu schätzen, die für eine fundierte ethische Urteilsbildung erforderlich sind – ein spannender Einstieg mit vielen Denkanstößen aus der Alltagswelt von Jugendlichen.

Das zugehörige Manual, „Ethische Untersuchungen", dient als wertvoller Leitfaden für alle, die sich mit ethischen Fragen beschäftigen wollen. Es bietet Einführungen in Konzepte wie Identität, Wahrheit, Gerechtigkeit, Freiheit, Menschen- und Tierrechte sowie zahlreiche Diskussionspläne und Übungen, die dazu ermutigen, diese zu untersuchen. Ziel ist es, über unterschiedliche ethische und moralische Werte sowie Lebensformen nachzudenken, Fragen zu stellen, zu diskutieren und einen Dialog aufzubauen.

Ideal, für alle, die LISA als Anregung nehmen, um miteinander ins Gespräch zu kommen, Beziehungen zu vertiefen und Interesse am Prozess des Entdeckens und eigenständigen Denkens haben.

Inhaltsverzeichnis

KAPITEL 1

EPISODE EINS – Kann man Tiere lieben und dennoch Fleisch essen?

Am liebsten hätte Lisa zu ihren Eltern gesagt: „Bringt es wieder zurück! Bringt es dorthin zurück, wo ihr es gekauft habt!" Sie saß vor ihrem Geburtstagsgeschenk, einem Schminktisch mit lauter kleinen Lämpchen rund um den Spiegel, genau wie in den Garderoben im Theater. „Sie hätten auch gleich sagen können: Mach dich einmal schön!", dachte Lisa. Sie war überzeugt davon, dass sie nie, niemals schön sein würde.

Doch sie hatte das Geschenk genommen und dabei gemurmelt: „Oh, danke!" Nun stand sie davor und betrachtete ihr Gesicht im Spiegel.

„Jeder Gesichtszug ist falsch", seufzte sie. „Nichts ist richtig. Die Stirn ist zu hoch, die Augen stehen zu weit auseinander, der Mund ist zu breit und dann noch diese Stupsnase. Und schau dir nur die Zähne an – die stehen so weit auseinander wie Zaunlatten!" Es störte sie sogar, dass ihre Ohren oben ein ganz klein wenig spitz zusammenliefen. Plötzlich musste sie lächeln. Sie erinnerte sich, was ihr Vater am Vormittag zu ihr gesagt hatte: „Weißt du Lisa, mit deinem Gesicht könntest du ein Faun sein." Der Gedanke daran amüsierte sie immer noch, als ihre Mutter ins Zimmer kam. Frau Terry lächelte, weil sie dachte, Lisa hätte den neuen Schminktisch benutzt. „Das Abendessen ist fertig", sagte sie sanft.

Lisa liebte Brathuhn, und dieses war besonders gut gebraten. Das Fleisch löste sich von den Knochen, als Lisas Vater es zerlegte. Er wusste, wie gerne sie Hühnerkeulen mochte, und legte ihr eine auf den Teller. Das Fleisch war wunderbar zart und saftig.

Da fiel ihr ein, dass Michi sie am Vortag in der Schule verspottet hatte. „Lisa Terry isst tote Hühner", hatte er gerufen. Aber Lisa hatte sich nicht darüber geärgert, sondern nur gelacht. Sie meinte: „Jeder, der kein Huhn mag – zumindest so, wie meine Mutter es zubereitet – muss vollkommen verrückt sein!" Sie reichte ihrem Vater den Teller, um noch eine Hühnerkeule zu bekommen.

Nach dem Abendessen ging Lisa hinaus ins Freie. Sie war kaum bis zum Gehsteig gekommen, als Herr Johansen mit seinem Hund, den er an der Leine führte, entlang spaziert kam. Herr Johansen wohnte noch nicht lange in der Gegend. Lisa kannte ihn kaum. Gerade als er und der Hund an Lisas Haus vorbeikamen, entdeckte der Hund ein Eichhörnchen neben einem Baum und wollte ihm nachjagen. Herr Johansen zog kräftig an der Leine und der Hund spreizte sich. Knurrend kam er wieder auf die Beine und zerrte an der Leine, um das Eichhörnchen zu verfolgen, das hinter einem Baum verschwunden war. Herr Johansen wollte weitergehen, aber der Hund rührte sich nicht von der Stelle. Je kräftiger der Mann an der Leine zog und zerrte, umso mehr widersetzte sich der Hund. Herr Johansen schrie den Hund an, aber das Tier bewegte sich nicht. Schließlich riss Herr Johansen einen Zweig von einem nahen Busch ab und begann auf den Hund einzuschlagen. Das Tier duckte sich unter den Schlägen und nahm sie regungslos hin. Lisa starrte voll Entsetzen auf die beiden. Sie brachte keinen Laut hervor. Plötzlich sprang sie auf den Mann zu und versuchte ihm den Zweig zu entreißen. „Hören Sie sofort auf, den Hund zu schlagen!", rief sie wütend. Überrascht drehte sich Herr Johansen um, riss den Zweig an sich und sagte: „Was geht dich das an?" Außer sich vor Wut schrie Lisa: „Ich bin auch ein Hund!" Herr Johansen zuckte mit den Schultern und zog wieder an der Leine. Nun gab der Hund seinen Widerstand auf und trottete neben seinem Herrn her; bald waren sie nicht mehr zu sehen.

Am nächsten Tag in der Schule sagte Rudi Gartler: „Stellt euch vor, was für ein tolles Wochenende ich hatte! Mein Vater hat mich auf die Entenjagd mitgenommen!"

„Verlangt viel Mut, so eine Entenjagd", sagte Markus sarkastisch. „Enten sind ja immer so schwer bewaffnet."

„Sehr witzig", meinte Rudi.

„Du isst diese Vögel nicht einmal, warum tötest du sie dann?", beharrte Markus.

„Es gibt zu viele von ihnen", fauchte Rudi. „Würden die Jäger den Bestand nicht durch regelmäßigen Abschuss regulieren, wären bald überall Enten."

„Ja, ja. Ich wette, es sind nur die Jäger, die so tun, als ob sie die Enten gezählt hätten. Sie haben beschlossen, dass es zu viele gibt, nur damit sie weiter auf sie schießen können. Ich wette, die Jäger werden so lange Tiere töten, bis alle ausgestorben sind."

„Die Menschen haben das Recht zu jagen", sagte Rudi zu Markus.

„Vielleicht erzählst du mir dann auch noch, dass Menschen das Recht haben, alles jagen zu können, was immer sie wollen, sogar andere Menschen!", sagte Markus.

„Na und?", wandte Michi ein. „Gut so!"

„Das ist lächerlich!", entgegnete Rudi. „Menschen zu töten ist doch etwas ganz anderes, als Tiere zu töten."

„Aber wenn wir Tiere ausrotten können, weil wir behaupten, dass es zu viele gibt, was hält uns dann davon ab, Menschen zu töten, weil wir denken, es gäbe zu viele?"

Lisa hatte dem Gespräch zugehört, ohne etwas zu sagen. Aber jetzt bemerkte sie: „Richtig, denn wenn es uns zur Gewohnheit wird, Tiere zu töten, fällt es uns vielleicht schwer, mit dem Töten aufzuhören, wenn es um Menschen geht."

Rudi schüttelte energisch den Kopf. „Menschen und Tiere sind ganz verschieden. Es macht gar nichts, was man mit *Tieren* auch tut, man muss nur daran denken, dass man mit *Menschen* auf keinen Fall dasselbe machen sollte."

Lisa war nach diesem Gespräch ziemlich durcheinander. „Warum", fragte sie sich, „sieht alles so einfach aus und erweist sich dann, wenn man darüber spricht, als so kompliziert? Markus hat Recht: Es ist einfach schrecklich, dass wir die ganze Zeit Tiere schlachten. Aber um sie essen zu können, müssen wir sie zuerst töten. Nur eines verstehe ich überhaupt nicht – wie kann ich gegen das Töten von Tieren sein, wenn ich so gern Brathuhn und Rinderbraten esse? Sollte ich solche Speisen nicht ablehnen? Oh, ich bin so durcheinander!"

Lisas Vater saß in seinem Arbeitszimmer und hörte Musik. Sie setzte sich zu ihm. (Sie hatte ihre Knie bis unters Kinn gezogen, und ihr langes Haar hing gerade herunter. Wenn sie in der Klasse so dasaß, sah sie aus wie der Buchstabe M, hatte Harry Stottelmeier einmal bemerkt.)

„Beethoven", sagte Herr Terry.

Lisa schwieg.

„Streichquartett", fügte ihr Vater hinzu.

Wieder antwortete Lisa nicht. Aber sie dachte sich: „Er weiß genau, dass ich kein Musikstück vom anderen unterscheiden kann. Aber ich kann mich an alles erinnern, was er mir erzählt hat; ich wünschte nur, er würde mir mehr erzählen." Dann erinnerte sie sich an ihr Problem, und erzählte ihrem Vater von dem Gespräch mit Rudi, Michi und Markus. „Vielleicht sollte ich Vegetarierin werden?", beendete sie ihren Bericht.

„Wenn ich dich richtig verstanden habe, hast du zwei Gründe dafür. Erstens tun dir die Tiere leid; und zweitens glaubst du, wenn man fähig ist Tiere zu töten, könnte man denken, Menschen zu töten wäre in Ordnung."

„Ja, richtig. Aber sind das gute Gründe? Rudi hat gesagt, es wären keine guten Gründe."

„Wirklich? Warum?"

„Er sagte, Tiere müssten getötet werden, weil es zu viele gibt. Und er hat auch gesagt, wenn wir keine Tiere töteten, würden vielleicht noch mehr Menschen getötet als jetzt."

„Hat Rudi behauptet, dass Tiere keine Gefühle haben?"

„Er hat weder das, noch das Gegenteil behauptet."

„Glaubst du, dass Tiere ein Recht zu leben haben?"

„Aber Papa, woher soll ich das wissen? Tierrechte? Davon habe ich noch nie etwas gehört."

Lisas Vater sah sie nachdenklich an. „Deine Mutter ruft dich", bemerkte er. Lisa verschränkte die Finger ihrer beiden Hände, drehte die Handflächen nach außen und streckte sich. Dann sprang sie auf und lief aus dem Zimmer. Herr Terry blickte ihr lächelnd nach.

*   *   *

„Hallo, Mira", begann Lisa, „was meinst du? Haben Tiere Rechte?"

„Du willst mich wohl auf den Arm nehmen", lachte Mira. „Niemand will den Menschen Rechte zugestehen, also wer wird das dann schon bei Tieren machen? Ich sehe mich schon, wie ich eines Tages als Rechtsanwältin vor Gericht eine Katze vertrete, der jemand auf den Schwanz getreten ist."

„Und wie ist das mit Kindern?", wandte Markus ein. „Haben Kinder Rechte?"

„Kinder!", wieder lachte Mira. „Kinder sind genau zwischen Menschen und Tieren! Zumindest denken das einige Leute."

„Kinder bekommen Rechte, wenn sie erwachsen werden", äußerte sich Willi Beck.

„Blödsinn", sagte Markus. „Man hat bereits Rechte in dem Moment, in dem man geboren wird. Man hat das Recht auf Nahrung und Kleidung. Man hat das Recht auf medizinische

Versorgung und das Recht auf Bildung. Als Kind hast du eine Menge Rechte."

„Aber wie ist das mit den Tieren?", wiederholte Lisa. „Haben sie das Recht, nicht getötet und gegessen zu werden?"

Willi antwortete: „Sie haben das Recht, uns zu töten und zu fressen, wenn sie uns erwischen können. Und wir haben das Recht, sie zu töten und zu essen, wenn wir in der Lage sind, sie zu fangen."

„Gilt das auch für das Töten von Menschen?", fragte Harry. „Gibt uns die Fähigkeit, sie zu fangen, das Recht, sie zu töten?"

„Sicher", erwiderte Willi. „Und wenn das passiert, nennen wir es Krieg, und dann ist es okay."

An diesem Abend versuchte Harry, mit seinem Vater zu sprechen, noch bevor dieser die Abendzeitung aufschlagen konnte.

„Papa, was denkst du? Sollen Menschen Tiere essen?"

„Nur, wenn sie gekocht sind. Roh schmecken sie nicht so gut."

„Im Ernst, Papa. Wäre es nicht besser, wenn alle aufhören würden, Fleisch zu essen?"

„Warum? Gibt es zu wenig Fleisch?"

„Nein, aber vielleicht ist es falsch, Tiere zu töten, nur um sie zu essen?"

„Wenn du möchtest, dass die Menschen aufhören, Fisch und Fleisch zu essen, müssen genügend andere Lebensmittel vorhanden sein."

„Das ist ganz einfach. Man braucht nur mehr Getreide und Gemüse anzubauen."

„Das ist leichter gesagt, als getan."

„Vielleicht gibt es zu viele Menschen." In dem Moment, als Harry das sagte, fühlte er sich nicht besonders wohl. Er erinnerte sich an Rudis Bemerkung, dass man Enten töten müsse, weil es zu viele gäbe. Harry schüttelte den Kopf. „Ich verstehe es einfach nicht. Es gibt zu viele Dinge, die man in Betracht ziehen muss."

„Nun", erwiderte sein Vater, „du möchtest dir doch ein Bild machen? Also musst du alles berücksichtigen."

„Alles?"

„Sicher! Entweder du denkst, dass es in Ordnung ist, Tiere zu töten und zu essen, oder du denkst nicht so. Du musst alles in deine Überlegungen mit einbeziehen: Was passiert, wenn wir Tiere essen, und was geschieht, wenn wir es nicht tun?"

„Was sollen wir also tun?"

Herr Stottelmeier faltete seine Zeitung auseinander. „Würdest du nicht auch sagen, dass das, was wir tun, im Wesentlichen davon abhängt, in was für einer Welt wir leben möchten?"

„Ich denke schon, ja."

„Dann ist das meine Antwort. Manches, was wir tun, erscheint uns falsch, aber wenn man alles in Erwägung zieht, scheint es doch in Ordnung zu sein. Oder umgekehrt: Zuerst scheint es okay zu sein, aber nachdem man alles berücksichtigt hat, stellt es sich vielleicht doch als falsch heraus."

Harry sah eine Weile aus dem Fenster. Dann sagte er langsam: „Du weißt, bei uns in der Schule gibt es Drogen. Jeder weiß das. Jeder weiß, wer sie hat und wie man sie bekommt. Den Leuten, die süchtig sind, geht es die meiste Zeit wirklich schlecht. Aber diejenigen, die den Stoff besorgen, haben nicht das Gefühl, etwas Falsches zu tun." Herr Stottelmeier nickte zustimmend, und Harry fuhr fort: „Und diejenigen, die die Verkäufer beliefern, sehen in dem, was *sie* tun, nämlich die Drogen in ihren Autos mitführen, auch nichts Falsches. Und die Leute, die das Zeug anbauen, sagen: ,Warum geht ihr auf uns los? Wir tun doch gar nichts!'"

„Vielleicht wollen sie die Problematik gar nicht sehen."

„Aber würden sie denn anders handeln, wenn sie alles berücksichtigten?", überlegte Harry.

„Das ist eine gute Frage", antwortete Herr Stottelmeier und lehnte sich zurück, um seine Zeitung zu lesen.

Harry war nicht zufrieden. „Nur eine Frage noch, Papa. Man erwartet von uns, dass wir freigiebig sind und einander helfen, nicht wahr?"

„Ja, und?"

„Na ja, neulich hat mich ein Junge gebeten, ihm Geld zu leihen, und ich hatte gerade so viel dabei, wie er wollte. Hätte ich freigiebig sein und es ihm borgen sollen?"

„Was denkst du?"

„Also ich wusste zufällig, wofür er es brauchte. Er wollte Drogen kaufen."

„Hättest du ihm denn wirklich geholfen, wenn du ihm das Geld gegeben hättest?"

„Ich glaube nicht."

„Und meinst du, dass Geben immer richtig ist, egal unter welchen Umständen?"

„Ich schätze, man muss die Umstände berücksichtigen."

„Nachdem ich alles in Erwägung gezogen habe", sagte Herr Stottelmeier, „habe ich beschlossen, jetzt meine Zeitung zu lesen." Durch die Art, wie er es sagte, war Harry klar, dass er es wirklich so meinte.

* * *

„Vielleicht mache ich mir gar nicht so viel aus Tieren", sagte Lisa.

„Geht das schon wieder los?", fragte Mira.

„Nein, ich meine es ernst", antwortete Lisa. „Wenn sie mir wirklich etwas bedeuteten, würde ich sie nicht essen. Aber ich esse Fleisch. Also mache ich mir nicht wirklich etwas aus Tieren."

„Ich wünschte, mein einziges Problem wäre die Entscheidung darüber, ob ich Fleisch essen soll oder nicht!", lachte Mira.

„Nein, Lisa hat in diesem Punkt völlig Recht", sagte Harry. „Wie kann sie nur das Eine sagen und ganz anders handeln? Sollten unsere Gedanken nicht mit unseren Handlungen übereinstimmen? Sollten unsere Handlungen nicht mit dem in Einklang stehen, woran wir glauben?"

„Das ist richtig!", stimmte Toni zu. „Alles sollte zusammenpassen – die Art, wie wir denken, und die Art, wie wir leben – da sollte es eine Verbindung geben."

„Ich weiß nicht", erwiderte Harry und schüttelte den Kopf. „Das geht vielleicht zu weit."

Niemand sprach weiter, und einige Minuten später flüsterten Mira und Lisa miteinander.

Dann kamen Michi und Willi Beck. Alle versuchten lustig zu sein, aber bald wurden ihre Späße fast zu Beleidigungen. Als Willi Mira hänselte, hätte sie beinahe etwas Verletzendes über seine Schwester gesagt. Aber es fiel ihr noch rechtzeitig ein, dass Willis Schwester, im Vergleich zu anderen Kindern ihres Alters, etwas zurückgeblieben war.

Plötzlich sagte Lisa jedoch zu Willi: „Bah, deine Mutter putzt doch für andere Leute!"

Willi ging wortlos weg. Michi aber rief wütend: „Wie konntest du das nur sagen?"

Lisa sah Michi fragend an. „Was?"

„Das weißt du sehr gut! Über seine Mutter, dass sie für andere putzt."

„Es ist doch nichts Schlimmes, für andere zu putzen", meinte auch Mira. „Ich kenne viele, die das tun. Das ist doch eine ehrliche Arbeit. Hast du vielleicht etwas gegen Leute, die schwer arbeiten?"

Lisa war entsetzt. „Ich wusste nicht, dass es wahr ist!", jammerte sie.

„Beruhige dich, Lisa", sagte Mira tröstend, „ich glaube nicht, dass das Willi so getroffen hat."

„Ich wette, doch!", beharrte Michi. „Wie würde es dir gefallen, wenn irgend so ein Snob sich darüber auslässt, was deine Eltern machen?"

Mira zuckte mit den Schultern. „Na und? Mir wäre das egal. Irgendwann wird ihnen schon die Luft ausgehen."

Aber Michi wollte die Sache nicht auf sich beruhen lassen. „Ist es nicht schlimm genug, dass Willis Vater gestorben ist? Sicher, seine Mutter bekommt eine Pension, aber das ist nicht viel. Sie arbeitet als Putzfrau in einem Hotel, und um über die Runden zu kommen, wäscht und bügelt sie auch für die Hotelgäste. Das passt wieder zu dir, dich über sie lustig zu machen, Lisa!"

Lisa war sprachlos. „Wenn ich das nur gewusst hätte", wiederholte sie immer wieder. „Ich hätte das doch bedacht und so etwas nicht gesagt. Es macht keinen Unterschied, dass ich ihn vielleicht doch nicht damit verletzt habe. Ich hätte es einfach nicht sagen sollen." Und in ihrer Verzweiflung kam ihr ein halb scherzhaft gemeinter Gedanke in den Sinn – nämlich, dass sie das nächste Mal so lange nichts sagen würde, bis sie mit Sicherheit wüsste, dass das, was sie sagen wollte, absolut falsch war!

Sie wurde das Gefühl nicht los, etwas getan zu haben, wofür sie sich schämen sollte, auch wenn sie Willi gar nicht wehtun wollte. Dann begann sie zu überlegen, ob sie nicht vielleicht doch die Absicht gehabt hatte, Willi zu verletzen. „Aber warum hätte ich das tun sollen? Er ist doch immer nett zu mir. Und er hat sicher schon genug Probleme – da muss ich ihm nicht auch noch welche bereiten." Aber dann kam ihr der Gedanke, dass sie vielleicht gerade aus diesem Grund versucht haben könnte, ihm weh zu tun. Dabei lief es ihr kalt über den Rücken.

An diesem Abend kam Lisa nicht aus ihrem Zimmer, kam nicht zum Abendessen. Ihre Eltern bestanden zuerst darauf, aber als sie sich so stur weigerte, ließen sie sie in Ruhe. Der Duft des Rinderbratens stieg ihr in die Nase, obwohl sie mit dem Gesicht nach unten auf ihrem Bett lag. Es roch köstlich. Lisa dachte, wenn sie sich selbst das Abendessen verweigerte, besonders da es Rinderbraten gab, würde sie für das büßen, was sie getan hatte.

Aber das schien ihr nicht sehr zu helfen, obwohl sie beim Gedanken an gedünstete Karotten, Zwiebeln, Kartoffelpüree und den guten Bratensaft sehr litt. Sie fühlte sich erst ein wenig besser, als sie beschloss, in Zukunft rücksichtsvoller zu sein, bevor sie etwas tat oder sagte, was die Gefühle anderer verletzen könnte. „Ich werde mich bemühen, dass das, was ich tue, mit dem, was ich denke, in Einklang steht. Aber das würde bedeuten, in Zukunft auf Brathuhn und Rinderbraten zu verzichten! Wozu soll ich mir selbst etwas versprechen, wenn ich nicht die Absicht habe, es zu halten?"

Sie war stolz auf sich, dass sie auf das Abendessen verzichtet hatte. Doch bevor sie sich hinlegte, plünderte sie den Kühlschrank bis auf den letzten Rest.

EPISODE ZWEI – *Harry überlegt, was eine Frage ist*

„Papa", sagte Harry.

„Mmm", antwortete sein Vater.

„Papa, was ist eine Frage?"

„Was du mich gerade fragst."

„Ja, ich weiß, dass ich dir eine Frage gestellt habe, aber das ist nicht das, was ich meine."

„Was fragst du mich eigentlich? Mir scheint, wir drehen uns im Kreis. Wer kommt jetzt dran?"

„Papa!"

„Was?"

„Ich meine es ernst. Was ist eine Frage?"

„Warum willst du das wissen?"

„Darum geht es nicht. Was macht das schon für einen Unterschied, warum ich es wissen will. Ich will es einfach wissen."

„Du fragst immer, warum. Warum kann ich nicht fragen, warum?"

„Papa, ich habe dir nur eine einfache Frage gestellt, und du drehst dich im Kreis. Ich wollte nur herausfinden, was geschieht, wenn wir eine Frage stellen?"

„Ich dachte, ich hätte dir eine Antwort gegeben."

„So? Wie hast du mir geantwortet? Du hast mir nicht geantwortet. Du hast mir nur eine Reihe von Fragen gestellt."

„Ich müsste dir nicht so viele Fragen stellen, wenn ich einige Antworten wüsste."

„Und ich würde vielleicht nicht so viele Fragen stellen, wenn ich wüsste, was Fragen sind."

„Vielleicht würdest du sogar noch mehr Fragen stellen, wenn du wüsstest, was sie sind."

„Papa!"

„Hmmm?"

„Ich versuche immer noch es herauszufinden."

„Was eine Frage ist, oder was geschieht, wenn wir eine Frage stellen?"

Harry blickte seinen Vater gequält an. Sein Vater zuckte mit den Achseln. „Ist doch so, zuerst fragst du mich eine Sache und dann eine andere. Wie kann ich dir helfen, wenn du ständig andere Fragen stellst?"

„Also gut, was geschieht, wenn wir eine Frage stellen?"

Herr Stottelmeier runzelte die Stirn und überlegte. „Wenn du eine Frage stellst, wie fühlst du dich dann?"

„Verwirrt."

„Und wie fühlst du dich, wenn du dich zum Essen an den Tisch setzt?"

„Hungrig. Ah, jetzt weiß ich, worauf du hinauswillst. Du meinst, wenn wir hungrig sind, suchen wir natürlich etwas Essbares; und wenn wir verwirrt sind, suchen wir natürlich nach Antworten."

„Also ist die Suche nach Antworten genauso natürlich wie die Suche nach Nahrung?"

Harry legte sich neben dem Stuhl, auf dem sein Vater saß, auf den Teppich. „Ja, vielleicht. Aber bedeutet das, dass Fragen stellen dasselbe ist wie Antworten suchen?"

Herr Stottelmeier schüttelte den Kopf. „Das habe ich nicht gesagt."

„Was ist dann eine Frage?"

„Harry, du bist wie ein verletztes Tier. Du irrst herum."

Harry lachte. „Vielleicht ist das Tier überhaupt nicht verletzt. Vielleicht versucht es nur, dich etwas zu fragen. Oder vielleicht hat es ein Problem." Dann fragte er: „Ist es das, was du mir sagen wolltest, dass wir Fragen stellen, weil wir Probleme haben?"

„Haben wir Probleme, oder haben die Probleme uns?"

„Also wirklich Papa. Bitte sei ernst."

„Ich bin ernst." „Was ist dann die Verbindung zwischen einer Frage und einem Problem?"

„Was ist die Verbindung zwischen einem Eisberg und der Spitze des Eisberges?"

„Die Spitze des Eisberges ist das, was man sehen kann. Der Rest ist unter Wasser."

„Ist es nicht möglich, dass deine Frage nur die Spitze des Problems ist?"

„Die Frage ist meine Frage, aber das Problem ist nicht meines?"

„Nein."

„Wessen dann?"

„Es ist nicht irgendjemandes Problem. Schau, wenn du mit der Schule fertig wärst und du nicht sicher wüsstest, was du dann tun solltest, wärst du ratlos und würdest Fragen stellen. Wenn aber große Arbeitslosigkeit herrschte, dann wäre das ein Problem, und es wäre nicht nur dein Problem. Deshalb habe ich gesagt, dass nicht du das Problem hättest – es hätte dich."

„Also liegt der Grund, warum ich Fragen stelle, nicht so sehr darin Antworten zu bekommen, sondern zu erkennen, was das Problem ist?"

Herr Stottelmeier erlaubte sich ein Lächeln und nickte zustimmend.

„Also", begann Harry wieder, „wenn jeder Frage ein Problem zugrunde liegt, heißt das, dass jeder Aussage eine Frage zugrunde liegt?"

Harrys Vater sagte nichts. Harry wartete, dann fügte er hinzu: „Und bedeutet das weiter, dass jedem Problem etwas zugrunde liegt?"

„Das", erwiderte Herr Stottelmeier, „ist ein Geheimnis."

KAPITEL 2

EPISODE DREI – Das Dating Spiel –Verabredungen und Spielregeln

„Hallo Harry", rief Tim, „hättest du nicht Lust, zur Tauschbörse mitzukommen? Wir wollen einige Karten und Sticker tauschen."

Harry wollte schon nein sagen, aber dann fiel ihm ein, dass er nichts Besonderes vorhatte, und außerdem wollte er Tim nicht verletzen. So willigte er ein.

Da er selbst kein Sammler war, fand Harry das Treffen nicht besonders aufregend. Aber es machte ihm Spaß, Tim zu beobachten.

Ein Mädchen tauschte mit Tim einige Karten und Sticker.

„Ein fairer Tausch", bemerkte Tim.

Auf dem Nachhauseweg kamen Tim und Harry an einer Konditorei vorbei.

„Kaufen wir uns ein Eis!", schlug Tim vor.

„Gute Idee", erwiderte Harry.

„Augenblick", sagte Tim. Er sah besorgt aus, während er in seinen Taschen kramte. „Ich habe überhaupt kein Geld eingesteckt."

„Macht nichts", versicherte Harry. „Ich habe gestern Abend auf das Baby der Nachbarn aufgepasst, ich zahle."

„Ich gebe dir das Geld sicher zurück!"

„Schon gut", erwiderte Harry, „das nächste Mal kannst du mich ja auf ein Eis einladen."

„Okay", sagte Tim, „das ist fair."

Als sie die Konditorei verlassen wollten, kamen sie an einem Tisch vorbei, an dem einige Jungen saßen, die sie kannten. Einer davon streckte sein Bein aus und Tim stolperte darüber, fiel aber nicht hin. Rasch drehte er sich um und warf die Bücher des

Jungen vom Tisch. Dann rannte er aus der Konditorei, dicht gefolgt von Harry.

„Ich konnte ihn doch nicht so davonkommen lassen", bemerkte Tim, als er sah, dass sie nicht verfolgt wurden und sie wieder langsamer weiter gehen konnten. „Er hätte sein Bein ja nicht ausstrecken *müssen*." Dann fügte er hinzu: „Natürlich hätte ich das, was ich getan habe, auch nicht tun müssen."

Irgendwie, dachte Harry, ist das nicht ganz dasselbe. Aber er konnte nicht herausfinden, warum. „Ich weiß nicht", sagte er schließlich zu Tim. „Der Zweck eurer Tauschbörse ist es, dass ihr Karten und Sticker tauschen könnt. Wenn du jemandem einen Sticker gibst, solltest du annehmen können, dafür andere zu bekommen. Wenn mir jemand Geld borgt, dann erwartet man auch von mir, dass ich es zurückgebe. Aber wenn dir jemand einen Streich spielt, solltest du dann demjenigen dasselbe antun? Da bin ich mir nicht so sicher."

„Aber ich *musste* es ihm heimzahlen", protestierte Tim. „Ich konnte ihn doch nicht so davonkommen lassen, wenn er mir ein Bein stellt – grundlos."

Etwas später trafen sie Lisa und Laura. Harry erzählte den Mädchen, was passiert war, und warum er sich darüber den Kopf zerbrach.

„Das erinnert mich daran", bemerkte Lisa, „wie wir versucht haben, herauszufinden, warum manche Sätze wahr bleiben, wenn man sie umkehrt, und andere falsch werden. Kannst du dich erinnern? Wenn man sagt: ‚Alle Eichen sind Bäume.' Dann ist das eine wahre Aussage, aber, wenn man den Satz umdreht ‚Alle Bäume sind Eichen', dann ist sie falsch."

„Ja", stimmte Harry zu, „aber da haben wir eine Regel gefunden. Gibt es hier auch eine?"

Lisa fuhr sich mit der Hand durch die Haare. „Es sieht so aus, dass es manchmal richtig ist, etwas zurückzugeben, wenn man etwas bekommen hat, und ein anderes Mal ist es falsch. Aber wie weiß man, wann es richtig ist und wann nicht?"

Einen Moment lang wusste niemand etwas zu sagen, und als Laura beschloss, nach Hause zu gehen, löste sich die Gruppe auf.

Nach dem Abendessen ging Laura in ihr Zimmer, das sie sich mit ihrer Schwester Maria teilte. Maria saß vor dem Spiegel und schminkte sich.

„Gehst du heute Abend aus, Maria?"

„Ja, ich bin mit Georg verabredet."

„Wohin geht ihr?"

„Ins Kino."

„Er ist ein cooler Typ."

„Ja, er ist ganz in Ordnung. Ich wünschte nur, er würde sich nicht so gut vorkommen." Es läutete an der Tür, und Maria bat Laura: „Sag ihm, ich komme gleich."

„Ist gut", erwiderte Laura. Aber sie bürstete erst sorgfältig ihr Haar, bevor sie Georg hereinließ.

Es musste bereits nach Mitternacht sein, als Maria heimkam. Laura schlief schon fest, aber sie wachte auf, als Maria das Licht einschaltete und ihre Handtasche mit voller Wucht auf den Stuhl schleuderte.

„Bist du's?", fragte Laura verschlafen.

„Wer denn sonst?" Marias Stimme klang hart, und Laura spürte, dass sie wütend war.

„Was ist passiert?"

„Dieser Georg!"

„Aber was war denn?", fragte Laura, noch immer ganz verwirrt. „Was hat er denn getan?"

„Es war nicht das, was er getan hat, es war das, was er wollte. Nur weil er mich ins Kino eingeladen hat, glaubte er, dass er Anspruch auf eine Gegenleistung hätte."

Lauras Augen begannen zu strahlen. „Oh", lachte sie, „aber *das* macht dir doch nichts aus, oder?"

„Darum geht es nicht!", erwiderte Maria mit zitternder Stimme. „Es geht darum, dass er glaubt, er sei dazu *berechtigt*! Wenn man etwas gibt, ist man deshalb noch nicht berechtigt, auch nur *irgendetwas* dafür zu bekommen!"

„Aber man tauscht doch auch Geschenke aus!"

„Ja, das sagen alle – aber das glaube ich nicht! Nur weil er mich ins Kino eingeladen hat, bin ich doch nicht verpflichtet, ihm Zuneigung entgegenzubringen. Wenn ich das wollte, wäre das etwas anderes – dann würde ich nett zu ihm sein, ganz egal, ob er etwas für mich getan hat oder nicht. Aber das eine hat nichts mit dem anderen zu tun!"

Es dauerte eine ganze Weile, bis Laura wieder einschlafen konnte. Am nächsten Tag erzählte sie Lisa und Harry von dem Vorfall „Es ist wirklich komisch", bemerkte sie. „Es ist genau das, worüber wir gesprochen haben. Harry fragte sich, ob es richtig sei, jemandem übel mitzuspielen, der einen selbst *übel* mitgespielt hat. Und dann kommt Maria und behauptet, dass jemand, der *nett* zu dir ist, nicht das Recht hat, zu erwarten, dass du dafür nett zu ihm bist!"

„Harry", sagte Lisa, „erinnerst du dich noch, wie wir letztes Jahr über Verhältnisse gesprochen haben, die man umkehren kann?"

„Sicher", antwortete Harry, „,Tim ist gleich groß wie Rudi' bleibt wahr, wenn man den Satz umdreht, aber ,Hassan ist größer als Tim' wird falsch."

Lisa grinste. „Richtig, und dann war da noch dieser dritte Fall, wo man nicht sagen kann, ob ein Satz wahr oder falsch ist, wenn man ihn umdreht."

Harry und Laura sahen einander an. Dann sagte Laura: „Man sollte zu jemandem nett sein, weil man es möchte, und nicht, weil man irgendeine Gegenleistung erwartet?"

Und Harry fragte: „Und wenn jemand etwas tut, das dir weh tut, soll man demjenigen nicht dasselbe antun?"

„Ich glaube, so ist es", antwortete Lisa und zwinkerte. „Etwas zurückzugeben ist in Ordnung, wenn es um Karten oder Sticker oder um Geld geht. Aber sehr oft ist es nicht so einfach!"

Laura seufzte. „Armer Georg, woher sollte er das denn wissen? Vermutlich hat er seine Einladung nicht als Versuch gesehen, sich die Zuneigung meiner Schwester zu erkaufen. Er wollte sich nur an die sozialen Spielregeln halten."

„Vielleicht könnte er ja im Kino fragen, ob er sein Geld zurückbekommt", schlug Lisa vor.

*   *   *

Da Toni, Markus und Harry zusammen an einem Geschichteprojekt arbeiteten, blieben sie nach dem Unterricht noch eine Weile in der Klasse. Beim Verlassen der Schule rannten sie auf dem langen Gang im ersten Stock miteinander um die Wette; als sie um die Ecke bogen, liefen sie Herrn Kovacs im wahrsten Sinn des Wortes in die Arme. Markus fiel hin und schlitterte auf allen Vieren auf dem frisch polierten Boden dahin, während sich Toni und Harry vor lauter Lachen den Bauch hielten. Herr Kovacs half Markus auf, und dieser lächelte dankbar.

„Ich hatte zwar gehofft, euch über den Weg zu laufen", sagte Herr Kovacs, „aber mit einem Zusammenstoß hatte ich nicht gerechnet."

„Wollten Sie mit uns etwas besprechen?", fragte Markus.

„Richtig. Das ist doch eure Klasse, die morgen um zehn Uhr eine Vertretungsstunde hat?"

„Ja", antwortete Harry, „mit Herrn Gallacher. Mensch, der ist vielleicht streng!"

„Genau darüber", erwiderte Herr Kovacs, „wollte ich mit euch sprechen. Herr Gallacher muss eine andere Klasse übernehmen, deshalb werde ich bei euch die Stunde halten."

„Ist ja toll", rief Toni, „dann können wir da weitermachen, wo wir letztes Jahr stehen geblieben sind!"

„Von mir aus gerne", antwortete Herr Kovacs, „aber nur wenn der Rest der Klasse auch dafür ist."

„Ich glaube, damit werden alle einverstanden sein", sagte Markus.

„Habt ihr neue Schüler in der Klasse?"

„Nein", erwiderte Harry, „aber Patrizia Raimund ist weggezogen."

„Na, da hat sich ja gegenüber dem Vorjahr nicht viel geändert", bemerkte Herr Kovacs. „Also fein, dann sehen wir uns morgen."

Draußen vor der Schule trafen die Jungen Mira und Lisa. Sie erzählten ihnen, dass sie am nächsten Tag endlich wieder Gelegenheit haben würden, mit Herrn Kovacs zu diskutieren.

„Super!", rief Mira.

„So ein Quatsch!" murrte Michi. „Ihr werdet ja doch wieder nur dumm herumreden." Und mit Fistelstimme fügte er hinzu: „Ich kann nicht herausfinden, wie ich irgendetwas herausfinden kann!"

„Michi", sagte Lisa, „du bist eben anders."

„Das ist richtig", betonte er, „vielleicht bin ich nicht unbedingt besser, aber ich bin wenigstens anders."

„Du bist nicht anders", fuhr Lisa ihn an, „du bist einfach sonderbar!"

„Sehr komisch!"

Lisa lächelte. „Was meinst du mit ‚komisch'? Sonderbar oder witzig?"

EPISODE VIER – *Herrn Pigerbauers Ankunft*

„Wie – sagtest du – heißt er?"

„Herr Pigerbauer", antwortete Maria, während sie noch ein wenig Salz auf ihr Frühstücksei streute und eine Grimasse schnitt.

„Und der Vorname?", fragte Markus weiter.

„Siegfried oder so ähnlich, glaube ich."

„Oh!", grinste Markus. „Sigi Pigi!"

Unter diesem Spitznamen wurde Herr Pigerbauer in der Schule bekannt. Er war im Herbst mit Schulbeginn vorerst als Stellvertreter des Direktors an die Schule gekommen. Kurze Zeit später, als Herr Parthold erkrankte, übernahm er dessen Funktion als Schuldirektor.

Er war jung, hatte karottenrotes Haar und blaue Augen. Meist trug er ein hellrotes Sakko und bunt karierte Hosen. Herr Pigerbauer ging selten langsam: Gewöhnlich rannte er durch die Gänge, mit lockerer Krawatte und wehendem Sakko. Wo immer etwas in der Schule nicht stimmte, war Herr Pigerbauer fast augenblicklich zur Stelle.

„Kein Problem!", meinte er dann und seine Augen leuchteten hinter der rahmenlosen Brille. Immer traf er auf der Stelle eine Entscheidung, und das Problem wurde prompt aus der Welt geschafft. „Probleme zu lösen ist meine Stärke", pflegte er dann zu sagen.

Einige seiner Lösungen waren gut, andere nicht. Als Schülerinnen und Schüler einer Klasse darüber klagten, dass sie eine große Wandmalerei anfertigen wollten, aber nicht wüssten wo, arrangierte er mit dem Besitzer eines großen Kaufhauses, dass sie eine der Wände dort bemalen durften. Als einige Mädchen ein Volleyballteam gründen wollten, trainierte er mit ihnen nach der Schule, bis sie so weit waren, dass sie an den Landesmeisterschaften teilnehmen konnten. Als er jedoch versuchte, einige Änderungen am Stundenplan vorzunehmen, führte das zu einem totalen Chaos: Einige Lehrer bzw. Lehrerinnen waren für zwei Klassen gleichzeitig eingeteilt, und anderen war dafür gar keine Klasse zugewiesen. Zu einem weiteren bemerkenswerten Vorfall kam es, als er versuchte, eine Gruppe von Schülerinnen und Schülern sowie Lehrpersonen zu organisieren, die auf dem Dach des Schulgebäudes eine neue Teerschicht auftragen sollten. Unter seiner Anleitung gelang es den Freiwilligen, mehr Teer auf die eigene Kleidung als auf das Dach zu bringen. „Jetzt fehlen Sigi Pigi und dir nur noch die Federn", sagte Maria zu Markus, als er an jenem Abend nach Hause kam.

Da Herr Pigerbauer seine Versuche, Änderungen in der Schule einzuführen, nicht aufgab, kursierten natürlich Gerüchte über seine Erfolge und Misserfolge. Schon bald erzählte man sich allerlei Geschichten über ihn. Nach einiger Zeit wurde er zu einer lebenden Legende.

„Was hat er denn vor, will er alles verändern?", fragte Rudi gereizt.

„Ja, genau", meldete sich Gabi, „was es auch ist, Gutes oder Schlechtes, er muss es verändern. Kann er denn nichts so lassen, wie es ist?"

„Eine Menge von dem, was er zu tun versucht, hätte schon längst getan werden sollen", protestierte Markus.

„Ja, schon", erwiderte Rudi, „aber Sigi Pigi glaubt, dass an allem, was lange gut funktioniert hat, etwas nicht in Ordnung ist."

„Als ob man ein Versager wäre, nur weil man an irgendwelchen Gewohnheiten festhält", stimmte Mildred ihm zu.

„He", flüsterte Sigi, „habt ihr schon das Neueste gehört?"

Sogar Markus kam näher, um zu hören, was Sigi zu sagen hatte, obwohl er wusste, dass es höchstwahrscheinlich nur Gerede war. Laut Sigi hatte sich der Schulwart bei Herrn Pigerbauer darüber beschwert, dass die Schüler Papierhandtücher in die

Toiletten warfen, sodass diese ständig verstopft waren und es zu Überschwemmungen in den Toilettenanlagen kam. Nachdem er einen Moment nachgedacht hatte, hätte Herr Pigerbauer dem Schulwart vorgeschlagen, Körbe aus Drahtgeflecht anzufertigen, damit keine Fremdkörper mehr in die Abflüsse gelangen könnten.

Mildred bekam einen Lachanfall, aber Markus murrte nur: „Schon gut, ihr könnt ruhig über ihn lachen, aber ihr müsst zugeben, er macht alles aufregend. Er braucht nur bei der Tür hereinzukommen, und jeder ist gespannt, was passieren wird. Plötzlich ist alles möglich."

Einige Tage später kam Herr Pigerbauer unangemeldet in die Klasse.

„Ich habe viel über diese Klasse gehört, Stefan", sagte er zu Herrn Kovacs. „Ich habe gehört, dass hier gute Arbeit geleistet wird."

Dann wandte sich Herr Pigerbauer an die Klasse. „Woran arbeitet ihr gerade? Könnt ihr mir etwas darüber erzählen?"

„Oh", sagte Lisa ziemlich schüchtern, „wir versuchen nur, Dinge herauszufinden. Ich meine, wir versuchen zu verstehen, wie man Dinge herausfindet."

„Das ist gut", erwiderte Herr Pigerbauer. „Und da ihr hier alle so viel nachdenkt, hoffe ich, dass ihr euch auch Gedanken über Verbesserungen in der Schule macht."

„Das wäre ja riesig!", rief Markus.

„Nein, das wäre es nicht", konterte Rudi.

„Herr Pigerbauer", sagte Harry, „wir haben über das Denken nachgedacht, aber nicht über die Dinge, von denen Sie sprechen. Vielleicht sollten wir das tun, ich weiß es nicht. Aber wo sollten wir da anfangen?"

„Fangt mit mir an", erwiderte Herr Pigerbauer. „Mir macht das nichts aus. Wenn ihr an der Art, wie ich meine Arbeit mache, etwas auszusetzen habt, würde ich das gerne wissen." Niemand sagte etwas dazu. Herr Pigerbauer zog die Augenbrauen hoch. „Ich bin überrascht. Ich hatte mir eine lebhafte Diskussion mit euch erhofft."

Schließlich bemerkte Harry: „Ich bin nicht dagegen, zu sagen, dass etwas falsch ist, wenn ich denke, dass es falsch ist, Herr Pigerbauer. Aber das scheint mir einfach nicht die Art zu sein, wie man damit beginnt."

„Bevor man etwas kritisiert, muss man sich erst einmal darüber klar werden, was das Problem ist", sagte Lisa.

„Genau", stimmte Toni zu, „und wir sind uns nicht sicher, was es ist."

„Nun, dann findet es heraus!", erwiderte Herr Pigerbauer schroff. „Ihr habt diese Freistunde – nutzt sie dafür, herauszufinden, was falsch ist, damit wir aus dieser Schule eine bessere machen können."

„Ist das Ihr Ernst?", fragte Mira.

„Natürlich ist das mein Ernst. Ich habe noch nie etwas so ernst gemeint." An der Tür blieb er noch einmal stehen. „Denkt darüber nach, was um euch herum geschieht. Habt keine Angst, euch in die Nesseln zu setzen." Dann wandte er sich um und ging.

„Meint er das wirklich ernst?", fragte Mira.

„Klar", versicherte ihr Markus.

„Nein, sicher nicht", mischte sich Hassan ein. „Er ist nur wieder einmal dabei, ein Chaos zu schaffen, das er dann nicht beheben kann. Vorher waren wir besser dran, als wir versuchten, zu lernen, wie man besser denkt. Das führt doch alles zu nichts."

„Herr Kovacs", fragte Laura, „was denken Sie?"

Herrn Kovacs schien die Frage zu verwirren. „Nun Laura, wenn du meinst, was ich über euer Gespräch eben denke, muss ich sagen, ich bin einverstanden, dass wir weitermachen. Vielleicht entdeckt ihr einen Zusammenhang zwischen dem Denken und dem Glauben oder so."

„Mir scheint", sagte Harry, „dass man sich beim Spielen an Regeln hält und im Leben an das, was man glaubt. Ich denke, unsere Überzeugungen sind wie Regeln. Sie sind Regeln für das, was wir tun, was wir sagen und was wir denken. Deshalb brauchen wir die bestmöglichen Ansichten und Überzeugungen."

„Das habe ich nicht gemeint", sagte Laura. „Ich wollte wissen, Herr Kovacs, was Sie von Herrn Pigerbauers Aufforderung halten."

Herr Kovacs blickte ziemlich gequält und antwortete dann: „Ich weiß nicht, was ich dazu sagen soll, Laura. Ich weiß es einfach nicht. Ich bin halb dafür und halb dagegen."

„Sicher", sagte Harry, „vielleicht muss manches getan werden, aber es gibt doch immer einen richtigen und einen falschen Weg es zu tun."

„Sagen wir lieber, manche Wege sind besser als andere", antwortete Herr Kovacs.

Das letzte Wort hatte Rudi: „Herr Pigerbauer übertreibt ständig", wandte er ein. „Mir kann er mit so sinnlosen Vorschlägen gestohlen bleiben."

Kurze Zeit später kam Herr Parthold zurück und übernahm wieder seine Funktion als Direktor.

„Ich schätze, Sigi Pigi bekommt wieder seinen alten Job", sagte Markus.

„Nein", erwiderte Mira. „Ich habe da etwas anderes gehört. Es kursiert das Gerücht, dass er an eine andere Schule versetzt werden soll."

Aber Herr Pigerbauer bekam keine neue Aufgabe. Er wurde entlassen.

Markus war wie vor den Kopf gestoßen. Am nächsten Tag machte er in Herrn Kovacs' Stunde einen Vorschlag. Er wollte mit den anderen darüber diskutieren, warum Herr Pigerbauer gefeuert worden war, und ob man nicht irgendetwas tun könnte, um ihn an die Schule zurückzubringen. Ferner schlug er vor,

Sigi Pigi zu ihnen in die Klasse einzuladen, damit er die Dinge aus seiner Sicht darstellen könnte.

„Er hat uns aufgefordert, diese Schule zu verbessern, indem wir Dinge, die falsch laufen, kritisieren", erklärte Markus. „Jetzt haben wir die Chance, einmal etwas Praktisches zu tun. Es ist doch unsere Schule. Untersuchen wir, was vorgefallen ist."

„Sei doch nicht so albern, Markus", protestierte Maria. „Das geht uns doch nichts an. Das, was du tun willst, könnte leicht missverstanden werden, wenn du versuchst, zu einem Kritiker der Schulpolitik zu werden."

Harry war noch immer ziemlich bestürzt. „Ich denke, Markus hat Recht. Zuerst wird uns gesagt, dass wir ‚zu unserem Besten' nicht über etwas sprechen sollen, und bald wird es heißen, dass wir ‚zu unserem Besten' nicht darüber *nachdenken* sollen. Das macht mir Angst."

„Ich verstehe nicht, warum ihr euch plötzlich so aufregt", sagte Rudi. „Niemand verbietet uns, zu reden oder zu denken. Aber wie schon Herr Kovacs sagte, wir müssen endlich was tun." Dann fügte er hinzu: „Außerdem, wen interessiert es schon, was wir sagen oder denken? Was wir *tun*, das zählt."

Damit war die Stunde auch schon zu Ende. Aber das Thema dieser Diskussion verbreitete sich in Windeseile in der ganzen Schule. Es kamen Gerüchte in Umlauf, dass Markus Herrn Partholds Rücktritt verlangt hätte und dass Herr Kovacs die Schülerinnen und Schüler dazu aufgefordert hätte, die Angelegenheit um Sigi Pigi zu untersuchen.

Daraufhin wurde Herr Kovacs zu Herrn Parthold in die Direktion bestellt.

KAPITEL 3

EPISODE FÜNF – Abendessen bei den Jahorskis

Herr und Frau Jahorski kamen zur selben Zeit von der Arbeit nach Hause und gingen sofort in die Küche, um das Abendessen zuzubereiten. Markus und Maria tauchten schnell aus ihren Zimmern auf.

„Markus, willst du mir beim Salat machen helfen?", fragte Herr Jahorski.

„Lass mich", bat Maria. „Ich schneide Gurken so gerne. Und Markus hat keine Hand frei."

Markus stellte einen großen gusseisernen Topf auf den Herd. „Da ist gerade noch genug Eintopf für das Abendessen", verkündete er.

Inzwischen wickelte Frau Jahorski einen Laib Brot in Aluminiumfolie.

„Mmmm!", rief Markus. „Ich liebe frisches Brot!"

Frau Jahorski lächelte, sagte aber nichts. Nachdem Markus das Backrohr eingeschaltet hatte, legte sie das Brot hinein.

Maria deckte den Tisch und ihr Vater entfernte die letzten Gurkenschalen vom Schneidbrett.

„Der Mülleimer muss ausgeleert werden", sagte Herr Jahorski.

„Ich mach das", meinte Markus und verschwand mit dem Eimer.

Im Speisezimmer duftete es bereits nach dem Brot, und Maria schnupperte voller Vorfreude. „Ich kann's gar nicht mehr erwarten. Und der Eintopf riecht auch so gut! Warum wird Eintopf eigentlich immer besser, je öfter man ihn aufwärmt?"

Markus kam gerade vom Hof zurück, wo er den Müll in die Tonne geleert hatte.

„Mama –", begann er. Dann sah er, wie seine Eltern einander umarmten, und sagte: „Nun hört schon auf, ihr zwei, wir wollen essen."

Markus' Eltern nahmen von seiner Aufforderung keine Notiz, und es dauerte eine Weile, bis sie sich wieder den Vorbereitungen für das Abendessen zuwandten. Mittlerweile hatte Maria das Brot aus dem Backrohr genommen und auf ein Holzbrett gelegt. „Darf ich es schneiden, Papa?"

„Gern", antwortete er und legte das Brotmesser wieder hin. „Aber sei vorsichtig."

Als sie ihre Teller geleert hatten, tunkten Markus und Maria die restliche Sauce genießerisch mit Brotstücken auf, bis die Teller sauber waren. „Diese Sauce schmeckt einfach wunderbar mit Brot", murmelte Markus mit vollem Mund.

„Mmmm-mmmm", stimmte Maria ihm zu.

Frau Jahorski sah die beiden kritisch an. „Eure Manieren sind nicht gerade die besten, fürchte ich", sagte sie schließlich.

„Mama", protestierte Markus, „je besser du kochst, desto weniger können wir uns beherrschen."

„Das ist wahr, Mama", meldete sich Maria. „Wenn du perfekt gekocht hast, haben wir überhaupt keine Manieren mehr!" Sie nahm noch eine Schnitte Brot und goss Sauce darüber.

Zum Nachtisch schälte Herr Jahorski einige Äpfel, schnitt sie in Spalten und reichte sie herum. Für einen Moment war es ganz still. Frau und Herr Jahorski tranken ihren Kaffee, während Maria und Markus den Tisch abräumten.

„Mama", begann Markus. „Wir sagten, wie gut das Essen war, und du sagtest, wie schlecht unsere Manieren sind."

„Mama meinte nicht, dass unsere Manieren wirklich sehr schlecht sind", fiel ihm Maria ins Wort. „Sie wollte nur sagen, dass man die Sauce nicht mit dem Brot auftunken soll."

Frau Jahorski lachte. „Das war nicht so ernst gemeint, Markus. Aber als ich noch ein Kind war, hat man mir das auch immer gesagt. Darum sage ich euch jetzt fast automatisch dasselbe. Es stört mich wirklich nicht, wenn ihr das zu Hause macht, aber ich muss zugeben, dass ich es nicht gerne sehen würde, wenn ihr so etwas in der Öffentlichkeit tun würdet."

Markus schüttelte den Kopf. „Ihr habt mich beide falsch verstanden. Ich zerbreche mir über etwas ganz anderes den Kopf. Ich wollte wissen, wie man weiß, wann etwas gut ist und wann nicht. Ich meine, was zählt als gut und was als schlecht?"

„Ich weiß nicht, wie man das überhaupt ausdrücken kann, Mama", sagte Maria, noch bevor ihre Mutter eine Antwort geben konnte. „Gutes Essen ist eine Sache, gute Manieren eine andere. Das sind zwei ganz verschiedene Dinge."

„Das ist richtig, Maria", erwiderte ihre Mutter. „Manieren sind gesellschaftliche Verhaltensregeln für verschiedene Situationen. Wenn man diese Regeln befolgt, dann sagen die Leute, man hätte gute Manieren. Aber ob das Essen gut ist, ist eine Frage des Geschmacks. Dabei geht es darum, ob etwas schmeckt. Wenn wir ein Essen als gut bezeichnen, hat das nichts mit Regeln zu tun."

Herr Jahorski nahm noch einen Apfel und begann ihn zu schälen. „Sicher, aber Markus möchte wissen, wie wir Maßstäbe setzen – oder?"

Markus nickte. „Ich denke, ja. Wofür brauchen wir Maßstäbe? Und worauf wenden wir sie an?"

„Ich nenne sie lieber ‚Kriterien'", antwortete sein Vater. „Wir verwenden Kriterien, wenn wir uns mit Dingen beschäftigen, die für uns von Bedeutung sind –"

„Also das, was wir für wichtig halten?", unterbrach Markus.

„Richtig – Angelegenheiten von Bedeutung, Dinge mit gewissem Wert. Und warum verwenden wir Kriterien? Um festzustellen, was mehr Wert oder Bedeutung hat und was weniger."

„Das verstehe ich nicht", sagte Maria.

Frau Jahorski lächelte. „Lass mich mal versuchen. Maria, ist Sehen für dich wichtig?"

„Und wie! Es wäre furchtbar, wenn ich nicht sehen könnte!"

„Aber du hast gute Augen, richtig?"

„Ja. Der Schularzt hat gesagt, meine Sehkraft ist 20:20. Das heißt, ich habe gute Augen. Aber Rudi hat 20:60. Er kann zwar sehen, aber ohne seine Brille sieht er nicht gut. Ich glaube, dass seine Augen nicht so gut sind."

„Deine Augen bezeichnet man also als gut, weil sie gut sehen, und seine Augen sind nicht so gut, weil sie nicht so gut sehen."

„Siehst du", wandte Herr Jahorski ein, „das Kriterium für gutes Sehen, das du verwendest, ist der Maßstab des Doktors, nämlich 20:20! Man kann nicht sagen, dass etwas besser ist als etwas anderes, wenn man kein Kriterium dafür hat. Wenn du mich zum Beispiel fragst, ob eine Benzinmarke besser als eine andere ist, wüsste ich nicht, was ich sagen sollte. Wenn wir uns aber einigen, dass wir als Kriterium die Anzahl der Kilometer nehmen, die mein Auto mit zehn Liter dieser Marke fährt, könnte ich dir sagen, welches Benzin besser ist."

„Entsprechend diesem Kriterium", ergänzte Markus.

„Richtig", bestätigte Herr Jahorski, „aber vielleicht nicht entsprechend einem anderen Kriterium."

„Ich kenne mich nicht aus", sagte Maria. „Zuerst hatten wir *Regeln,* um festzustellen, wie wir richtig handeln, und jetzt haben wir Kriterien. Was ist der Unterschied zwischen Regeln und Kriterien?"

„Das ist leicht", meinte Markus. „Regeln sind wie Spielanleitungen. Wenn man ein Spiel spielt, muss man die Regeln beachten. Aber Kriterien sind – Kriterien sind – ich glaube, das ist doch nicht so leicht. Mama, was sind Kriterien?"

„Ein Kriterium ist wie ein Maßstab, den man zum Messen verwendet. Ein Zentimeter ist ein Kriterium. Ein Meter ist ein Kriterium. Ein Liter ist ein Kriterium."

„Sind Kriterien dann nicht Regeln? Manchmal sagen wir doch auch, dass ein Maßstab die Länge eines Gegenstands regelt, nicht wahr?"

„Schon, aber wir sagen doch auch ‚Ein Polizist regelt den Verkehr'."

Herr Jahorski schlug die Hände zusammen und rief: „Halt, halt!"

„*Woran* soll ich mich denn wirklich halten?", jammerte Maria.

Herr Jahorski sah sie ernst an. „Ich werde dir alles erklären, pass auf."

Marias Gesichtsausdruck wurde gleich viel fröhlicher.

„Zuerst einmal", begann Herr Jahorski, „hatte Markus Recht mit dem, was er über Regeln sagte. Regeln sagen einem, wie man handeln soll. An Regeln sollte man sich halten. Ein Kriterium ist ein Maß, das man anwendet, wenn man etwas *beurteilt*. Wenn mich jemand fragt, wie weit die Sonne von der Erde entfernt ist, dann kann ich die Entfernung *schätzen* und Kilometer als Maß verwenden."

„Hundertfünfzig Millionen Kilometer", sagte Markus.

„Gut", stimmte sein Vater zu, „und wenn du mich fragst, wie viel Benzin im Tank meines Autos ist, sind Liter das Kriterium, um die Menge zu schätzen – sagen wir 30 Liter."

„Aber das sind doch Kriterien für Mengen!", wunderte sich Markus. „‚Gut' ist aber etwas anderes."

„Das ist schon richtig", erwiderte Herr Jahorski. „‚Gut' ist nicht Sache der Quantität, sondern der Qualität. Wie ich vorhin schon sagte, ist es etwas von Bedeutung. Und wir verwenden Kriterien, um zu beurteilen, *wie* wichtig oder *wie* wertvoll etwas ist."

Maria und ihre Mutter begannen im selben Augenblick zu sprechen, aber Frau Jahorski setzte sich durch. „Wenn ich also behaupte, dass Maria gut eislaufen kann, hast du das Recht, mich zu fragen, welches Kriterium ich verwende, oder?"

Herr Jahorski nickte. „Maria, welche Kriterien könnte man verwenden, um zu entscheiden, ob eine Person gut eisläuft oder nicht?"

„Na, Geschwindigkeit zum Beispiel – oder wie gut man Figuren laufen kann."

„Richtig, Anmut und Grazie", sagte Herr Jahorski.

„Oh", erwiderte Maria unsicher. „Ich wünschte, jemand könnte alles für mich zusammenfassen. Ich bin ganz verwirrt."

Diesmal versuchten beide Elternteile gleichzeitig zu sprechen, aber Markus rief dazwischen: „Lasst es mich versuchen! Bitte! Schau, Maria, erinnerst du dich noch an diese ‚Wenn ... dann'-Sätze vom letzten Jahr?"

Maria nickte zögernd.

Markus fuhr fort: „Wir könnten so sagen: ‚Wenn du schnell eisläufst, bist du eine gute Eisläuferin, wenn wir Geschwindigkeit als Kriterium verwenden.'"

„Richtig", sagte sein Vater. „Oder, wenn das Fleisch köstlich ist, dann ist es gutes Fleisch, wenn man Geschmack als Kriterium verwendet."

„Und wenn Maria auf andere Menschen Rücksicht nimmt, dann ist sie ein gutes Mädchen, wenn Rücksichtnahme das Kriterium ist", sagte Frau Jahorski.

„Hört bloß auf damit", brummte Maria. Plötzlich versuchte sie, ihrem Bruder zum Spaß eine Papierserviette ins Hemd zu stopfen. Markus entkam ihr und rief: „Halt, lass mich in Ruhe, ich muss doch den Tisch abräumen!"

„Okay", erwiderte Maria, „ich will rücksichtsvoll sein."

EPISODE SECHS – *Kio fällt die Treppe hinunter*

„Kio", rief Suki, „sieh nach, wer an der Tür ist."

„Ja, gleich," antwortete Kio gutmütig, blieb aber sitzen und schaute weiter zu, wie die weiche Metallfeder, mit der er spielte, Stufe um Stufe die Treppe hinunterhüpfte.

„KIO", Suki wurde energischer, „meine Hände sind nass und voller Seifenschaum. Bitte, geh zur Tür!"

Kio schnitt eine Grimasse, stand aber doch auf und ging zur Eingangstür. Wie immer hatte er Schwierigkeiten mit dem Türgriff – seine Hände waren noch zu klein. Schließlich gelang es ihm doch, die Tür zu öffnen.

„Hallo, Kio", begrüßte ihn Lisa, „ist deine Schwester da?"

„Ja", antwortete Kio, „wer bizt du?"

„Kannst du dich nicht an mich erinnern?"

„Ich vergezzen. Wie heizt du?"

„Lisa."

„Zuki", rief Kio, „Ez izt Liza."

Inzwischen kam Suki mit dem Handtuch, mit dem sie sich gerade die Hände abgetrocknet hatte, zur Tür. Die beiden Mädchen lachten und unterhielten sich, während Kio skeptisch zuhörte. Nach einer Weile fragte er Lisa: „Bizt du Bub oder Mädchen?"

„Er hat noch Probleme mit dem ‚S'", meinte Suki lächelnd.

„Ich bin ein Mädchen", antwortete Lisa.

„Wenn du ein Mädchen bizt, warum nicht du – warum du nicht – warum hazt du dann so kurze Haare?"

„Och", erwiderte Lisa, „ ich mag meine Haare so kurz."

Kio sah Lisa noch immer ernst an. Er nahm die Katze, die auf dem Sofa geschlafen hatte, und reichte Lisa das noch schläfrige Tier. „Miekzekakze!", verkündete er. „Ihm auch – er auch – er hat auch so lange Haare wie du."

Suki kniete sich vor ihrem kleinen Bruder auf den Boden. „Ich weiß, Kio, es ist schwer für dich, das, was du sagen willst, in Worte zu fassen und sie gleichzeitig auch noch richtig anzuordnen."

Lisa hätte auf Sukis Bemerkung wohl mehr geachtet, wenn sie sich nicht so darüber amüsiert hätte, dass das, was sie im Arm hielt, eine „Miekzekakze" war. Einen Augenblick später, als Kio Suki am Ärmel zog und fragte: „Waz gibt ez heute zu Ezzen?", konnte sie sich nicht mehr beherrschen und brach in schallendes Gelächter aus.

Kio sah sie zutiefst verletzt an. „Du lachzt mich auz?", wollte er wissen. Er nahm Lisa die Katze aus dem Arm und setzte sie wieder auf das Sofa.

„Seine Gefühle sind schnell verletzt", sagte Suki in beinahe entschuldigendem Ton zu Lisa.

„Red nicht über mich!", schrie Kio.

„Es tut mir leid, Kio. Ich habe nicht daran gedacht", sagte Suki. Sie wollte ihm tröstend über den Kopf streichen, aber er wich aus.

„Ich lache *dich* nie aus", flüsterte er vor sich hin, als ob er mit sich selbst sprechen würde.

Kio ging zu einem Wandschrank und holte einen Spielzeugberg aus braunem Plastik heraus. Wenn man Kugeln auf den Berg legte, rollten sie die Hänge hinunter, durch einige Tunnel und landeten schließlich auf dem Boden.

„Mit einer Feder konnte man die Kugeln wieder auf den Berg schießen", erklärte Suki, „aber dann ist sie abgebrochen. Ich glaube, Kio hat das absichtlich getan."

Kio sagte nichts, und alle drei spielten vergnügt weiter. Dann wurde Kio müde und ging mit seiner Katze unterm Arm in sein Zimmer. Die Beine der Katze hingen auf den Boden und schleiften über jede Treppenstufe.

Kurze Zeit saßen die beiden Mädchen schweigend nebeneinander. Dann sah Lisa auf. „Weißt du", begann sie, „es war komisch, es war, als ob er das Thema wechseln wollte als er das Spiel holte, um mit uns zu spielen."

„Nein, nein", versicherte Suki, „so hat er es wahrscheinlich überhaupt nicht gemeint."

„Da bin ich mir nicht so sicher", erwiderte Lisa. „Es kam mir vor, als wollte er sagen: ‚Spielen wir etwas, bei dem man keinem wehtun kann.'"

Suki schüttelte den Kopf, sagte aber nichts. Dann begannen die Mädchen über ihr Geschichteprojekt zu diskutieren. Jede hatte eine aufregende Idee, an der sie arbeitete, und ihr Gespräch wurde immer lebhafter. Kio stand plötzlich wieder auf der Treppe, aber die beiden bemerkten ihn nicht. Er sah schweigend zu ihnen hinunter, anstelle der Katze hielt er seinen Bären unter dem Arm.

Lisa wollte gehen – doch es dauerte etwas länger, da Suki und sie das Gespräch vor dem Haus fortsetzten.

Inzwischen balancierte Kio auf der obersten Stufe und hielt sich mit einer Hand am Geländer fest. Jetzt versuchte er es freihändig. Er verlagerte sein Gewicht auf den rechten Fuß und setzte die Ferse des linken Fußes auf die Zehen des rechten. Dann wollte er einen Teil seines Körpergewichts zurück auf den linken Fuß verlagern, aber der hatte keinen festen Untergrund. Es war wie im Albtraum: Kio fiel mit dem Kopf voraus die Treppe hinunter. Zum Glück lag auf den Stufen der Treppe ein weicher Teppich. Aber Kio wurde ziemlich durchgerüttelt, und als er wieder zu Atem kam, begann er fürchterlich zu schreien. Suki und Lisa rannten ins Haus, hoben ihn auf, trösteten ihn und legten ihn auf sein Bett. Bald war er mit seinem Bären im Arm eingeschlafen.

„Glaubst du, dass er sich etwas gebrochen hat?", wollte Lisa wissen.

„Das habe ich mich auch schon gefragt", antwortete Suki. „Wahrscheinlich nicht, aber mein Vater kommt gleich nach Hause. Er wird entscheiden, was wir tun." Suki runzelte die Stirn. „Darüber mache ich mir eigentlich gar nicht so viele Gedanken", bemerkte sie schließlich. „Was mich beschäftigt, ist, was ist eigentlich passiert? Wie konnte er so die Treppe hinunterfallen?"

„Es war ein Unfall", versuchte Lisa Suki zu beruhigen.

„Wenn du damit meinst, dass ihn niemand gestoßen hat, ist das richtig", erwiderte Suki, „aber ich glaube nicht, dass er gestolpert ist. Wie ist es passiert?"

„Er würde so etwas doch nicht absichtlich tun!", Lisa war entsetzt.

Suki zuckte mit den Achseln. „Vielleicht hatte er das Gefühl, dass sich niemand um ihn kümmert, ich weiß nicht. Oh, Lisa, ich kann doch nicht meine Aufgaben machen *und* mich um das Haus kümmern *und* ihm die Aufmerksamkeit schenken, die er braucht!"

„Er weiß doch, dass du ihn magst und dich um ihn sorgst", beruhigte Lisa.

„Das stimmt!", erwiderte Suki energisch. „Und in den nächsten Tagen werde ich mich besonders um ihn bemühen, damit er keine Zweifel daran hat, wie sehr ich ihn wirklich mag."

Einige Zeit sagte Lisa nichts. Als sie schließlich zu reden begann, wählte sie ihre Worte sehr sorgfältig. „Suki, hältst du das wirklich für so eine gute Idee? Ich meine, wenn du jetzt nach seinem ‚Unfall' so einen Wirbel um ihn machst, fängt er vielleicht an, noch mehr solcher ‚Unfälle' zu verursachen?"

Suki dachte kurz nach, dann meinte sie: „Du hast Recht. Ich werde so tun, als ob nichts geschehen wäre. Aber in Zukunft – nicht nur in den nächsten paar Tagen – werde ich versuchen, mich mehr um ihn zu kümmern."

„Aber bloß nicht zu viel!" Lisa lächelte. „Jetzt muss ich mich aber wirklich beeilen!" Sie sah auf die Uhr. „Wir sehen uns morgen. Pass schön auf."

Suki winkte ihrer Freundin nach. Dann wiederholte sie die Worte noch einmal für sich selbst: „Pass schön auf." – „Auf wen?"

EPISODE SIEBEN – *Herr Kovacs erhält einen Verweis*

Niemand konnte herausfinden, worüber Herr Parthold mit Herrn Kovacs gesprochen hatte. Herr Kovacs schien nicht bereit zu sein, darüber zu diskutieren, und keiner wagte es, ihn zu fragen. Einige Tage später nahm jeder an, dass die Angelegenheit vergessen sei. Michi behauptete, gehört zu haben, dass Herr Parthold sehr böse auf Herrn Kovacs gewesen war, weil er „die Schüler im Unterricht über administrative Maßnahmen der Schulleitung hatte diskutieren lassen und sie ermutigt hatte, Sigi Pigi noch einmal einzuladen, nachdem er gefeuert worden war, um die Geschehnisse aus seiner Sicht zu erläutern". Aber niemand wusste, ob Michi die Wahrheit sagte, oder, ob er das alles erfunden hatte.

Etwa eine Woche später stellte sich heraus, dass Herr Kovacs „einen offiziellen Verweis" erhalten hatte.

Mira war schockiert. „Was hat er denn falsch gemacht? Er hat doch *überhaupt nichts* getan! Er hat nicht einmal etwas *gesagt*. Er hat doch nur versucht, uns zu helfen, weil wir darüber diskutieren wollten, und weil er gesehen hat, dass es für uns wirklich ein Problem war."

„Das stimmt", sagte Markus. „Und Herrn Parthold hat es doch bisher nie gestört, dass wir so viel diskutieren. Wieso fallen jetzt alle über Herrn Kovacs her?"

„Na und, was ist schon ein Verweis?", bemerkte Michi, der seine Schultasche packte, um nach Hause zu gehen. „Ich bekomme jeden Tag „Verweise". Das hat doch nichts zu bedeuten."

Harry schaute verzweifelt. „Ja, ja, aber wenn es ein offizieller Verweis ist, hat das schon Auswirkungen. Das kommt in seine Akte. Das ist sicher schlimm für ihn."

„Das ist richtig", fügte Mira hinzu. „Jedes Mal, wenn es um eine Beförderung geht."

„Oder wenn eine Gehaltserhöhung fällig ist", sagte Markus. „Und das Schlimmste daran ist, dass er überhaupt nichts Falsches gemacht hat. Er hat Sigi Pigi nicht gebeten, das zu tun. Er wollte nicht einmal diskutieren mit uns. Er hat uns doch nur reden lassen, weil er erstens ein guter Kerl ist, und zweitens war es nur fair von ihm. Aber eines ist sicher: Herr Kovacs ist völlig unschuldig."

„Ja, genau, du hast Recht", meldete sich Rudi, „es war nicht seine Schuld. Aber wer hat denn die ganze Zeit herumgejammert, man müsste Sigi Pigi zurückholen? Das warst *du*! Es ist deine Schuld, dass Herrn Kovacs das passiert ist."

Markus war von Rudis Kritik so betroffen, dass er an keine Antwort denken konnte und gar nichts sagte.

Schließlich begann auch noch Mildred ihm vorzuwerfen, dass er alle Neuerungen, die Sigi Pigi in der Schule eingeführt hatte, immer gutgeheißen hatte, „ganz egal wie dumm sie waren".

Markus versuchte endlich zu Wort zu kommen: „Passt einmal auf, Leute. Ich habe nie behauptet, immer Recht gehabt zu haben, und ich habe auch nie behauptet, dass Sigi Pigi mit allem Recht hatte. Aber warum lässt man das Herrn Kovacs ausbaden? Okay, wir werden auch weiter mit ihm über alles reden, wenn er überhaupt noch Lust dazu hat. Oder wir können uns auch ohne ihn treffen, wenn ihr wollt. Aber warum soll er bestraft werden, wenn er nichts Falsches getan hat?"

„Warum sehen wir es nicht von der positiven Seite?", schlug Laura vor. „Vielleicht steht Herr Kovacs auch gar nicht vor einer Beförderung oder vor einer Gehaltserhöhung. Dann verliert er nichts!"

Mira wandte sich an Laura und sagte scharf: „Wie kann man nur so etwas Dummes sagen! Ich weiß zufällig mit Sicherheit, dass er am Ende dieses Schuljahres zum stellvertretenden Direktor ernannt werden sollte. Ich wette, unser lieber Herr Parthold *wollte* ihn nicht als Stellvertreter, und jetzt verwendet er die Sache mit Sigi Pigi als Ausrede!"

„Ich denke da noch an etwas anderes", meinte Toni. „Herr Parthold könnte damit auch versuchen, Schülerinnen und Schüler einzuschüchtern, die gerne diskutieren und selbstständig denken wollen."

„Jetzt hört aber auf!", rief Harry. „Das sind doch alles nur Vermutungen. Ihr wisst überhaupt nicht, ob das wahr ist oder nicht, was ihr sagt. Mira behauptete, sie wüsste etwas mit Sicherheit, aber woher wissen wir, von wem sie es gehört hat? Und Toni vermutet nur, dass Herr Parthold uns einschüchtern will."

Miras Augen funkelten wütend, dann sagte sie mit bewusst ruhiger Stimme: „Frau Haiden hat es mir erzählt. Alle Lehrer wissen es. Wisst ihr, was ich denke? Ich denke, Herr Kovacs ist der nächste, der gefeuert wird."

Harry sagte nichts dazu. Er fühlte sich gar nicht wohl.

„Was sollen wir tun?", wollte Markus wissen.

Laura antwortete: „Tun? Warum sollten wir etwas tun? Alles, was wir unternehmen, um die Sache aufzuklären, wird nur noch mehr Schwierigkeiten bringen."

„Was soll das Theater?", meinte Markus spöttisch. Nachdem er aber kurz nachgedacht hatte, machte er einen Vorschlag: „Wie wär's, wenn wir eine Delegation bilden und zu Herrn Parthold gehen, um mit ihm zu reden?"

„Das ist eine fantastische Idee!", rief Lisa. Es dauerte nur wenige Minuten und sie beschlossen, dass die Anwesenden die Delegation bilden und sich um einen Termin bei Herrn Parthold bemühen sollten, um Herrn Kovacs′ Situation mit ihm zu besprechen.

KAPITEL 4

EPISODE ACHT – *Pablos Begräbnis*

Mildred Wagner war nicht unbedingt die beliebteste Babysitterin in ihrer Nachbarschaft. Herr Sammer, Tims Vater, bemerkte einmal: „Wenn einmal etwas passieren sollte, wird eher das Baby auf Mildred aufpassen als umgekehrt." Er gab damit den Eindruck wieder, den viele Eltern von Mildred hatten. Aber es kam eben vor, dass einfach kein anderer Babysitter oder keine andere Babysitterin aufzutreiben war.

Alles, was sie bei dieser Arbeit verdiente, gab Mildred in einen Spielzeugsafe, den sie unter ihrem Bett aufbewahrte. Mit der Zeit hatte sie genug gespart, um sich ein peruanisches Meerschweinchen zu kaufen. Das war kein gewöhnliches Meerschweinchen: Sein Fell war zum Teil rötlichbraun, zum Teil strahlend weiß, und dann hatte es wieder tiefbraune Stellen, so dunkel wie Kaffee. Besonders außergewöhnlich waren seine weichen, feinen Haare, die bis auf den Boden reichten. Damit sah es wie ein Zwergyak aus. Mildred nannte es Pablo, liebte es abgöttisch und vertraute ihm all ihre Geheimnisse an. Während sie sein langes Fell bürstete, erzählte sie ihm alles und hörte nur gelegentlich kurz auf, um in seine runden Augen zu schauen, die wie winzige, schwarze Porzellanknöpfe aussahen. In solchen Augenblicken drückte sie dann seinen Kopf an ihre Wange und flüsterte: „Wenn dir irgendetwas passieren sollte, Pablo, ich glaube, ich würde sterben."

Mildred rechnete nicht damit, dass Pablo etwas zustoßen konnte, und schon gar nicht an diesem Tag. Doch als sie von der Schule nach Hause kam, fand sie das Meerschweinchen tot in seinem Käfig, mit weit aufgerissenen Augen, ganz steif und kalt. Lisa und Mira waren mitgekommen, um mit Pablo zu spielen. Sie hatten sich auf einen schönen Nachmittag mit Mildred und Pablo gefreut; stattdessen bemühten sie sich jetzt, Mildred zu trösten. Sie streichelten ihr beruhigend über die schmalen Schultern und den Rücken, während Mildred leise vor sich hin schluchzte.

„Ich hab´ ihn sehr liebgehabt", brachte Mildred schließlich heraus, obwohl sie noch immer heftig weinte. „So etwas Liebes werde ich in meinem ganzen Leben nicht mehr finden."

„Aber ja, Mildred", antwortete Mira. „Meerschweinchen sind nicht unersetzlich."

„Pablo war nicht irgendein Meerschweinchen. Er war einzigartig und wie kein anderes Meerschweinchen auf der Welt."

„Dann weißt du wenigstens", beruhigte sie Lisa, „dass du etwas wirklich Wundervolles hattest. Das können nicht viele von uns behaupten."

„Ich weiß", sagte Mildred. Dann stand sie auf, wischte sich die Tränen aus dem Gesicht und beschloss: „Wir müssen ihn begraben."

Lisa nickte und Mira dachte: „Ja, wenn dein Vater heimkommt und das tote Tier vorfindet, wird er es dir wegnehmen und in die Mülltonne werfen wollen." Laut sagte sie aber: „Ja, gut."

Mildred fand eine Schachtel in der richtigen Größe, doch sie wollte Pablo nicht einfach hineinlegen – ohne irgendeine weiche Unterlage. Lisa schlug vor, etwas Streu in den Karton zu geben, aber Mildred schüttelte den Kopf. Mira meinte, einige Papiertaschentücher wären das Richtige, aber auch damit war Mildred nicht zufrieden. Schließlich öffnete sie ihren Schrank und wühlte darin herum, bis sie ihren Lieblingsschal gefunden hatte. Sie faltete ihn zusammen, legte Pablo liebevoll darauf und bettete ihn in den Karton.

Dann gingen die Mädchen in den Garten hinaus. Mildred fand ein schattiges Plätzchen unter einer jungen Birke, wo sie oft mit Pablo gespielt hatte. Sie holte eine Schaufel aus dem Keller und grub ein Loch, etwa einen halben Meter tief. Die beiden anderen Mädchen wollten ihr helfen, aber Mildred ließ es nicht zu. Bevor sie den Deckel auf die Schachtel setzte, flüsterte sie: „Du warst ein *gutes* Meerschweinchen." Dann nahm sie die Schaufel, aber Lisa rief: „Warte!" Sie begann etwas Gras auszureißen und streute es über den Karton. Und Mira fand einige Löwenzahnblüten, die sie darauf legte. Schließlich sagte Mildred: „Es ist genug", und schaufelte das Grab endgültig zu. Die Mädchen formten aus der Erde einen kleinen Hügel und suchten einen großen Stein, als Grabstein.

Bald danach brachen Lisa und Mira auf. Als sie schon auf dem Gehweg vor dem Haus waren, kam Mildred ihnen nachgelaufen und schüttelte ihnen, ohne ein Wort zu sagen, die Hand; dann rannte sie zurück.

Als die beiden bereits den halben Weg zu Lisas Haus zurückgelegt hatten, trafen sie Harry und Toni. Natürlich konnten sie es kaum erwarten, zu erzählen, was passiert war. Die Mädchen sprachen ständig durcheinander, was die Jungen außerordentlich komisch fanden. Nicht lange, da kicherten und lachten auch Lisa und Mira, obwohl sie nicht genau wussten, warum. Aber sie waren froh, dass Mildred sie nicht sehen konnte.

Dann wurde Lisa wieder ernst. „Komisch, dass Mildred fast nichts gesagt hat, sondern einfach getan hat, was sie tun musste."

„Zu mir hat sie schon etwas gesagt", erwiderte Mira. „Sie meinte: ‚Als ich heute Morgen weggegangen bin, lebte er, und als ich nach Hause gekommen bin, war er tot.'"

„Tja", warf Toni gleichgültig ein, „so ist es eben. Entweder man lebt, oder man lebt nicht. Beides auf einmal geht nicht."

„Das stimmt, beides auf einmal geht nicht", wiederholte Harry.

Schweigend gingen die Mädchen weiter.

Schließlich gelang es Lisa, ihre Gedanken in Worte zu fassen. „Ist es wahr, dass man entweder leben oder tot sein muss, und dazwischen gibt es nichts?"

Mira lächelte schwach. „Ich weiß nicht. Meine Mutter sagt oft, sie fühlt sich halb tot vor Müdigkeit." Dann fügte sie hinzu: „Ich denke, was du meinst, ist, dass man nicht sein kann, was man nicht ist. Aber das ist nicht so. Ich bin keine Rechtsanwältin, aber ich kann eine werden."

„Natürlich", lachte Lisa, „aber zur selben Zeit kannst du nicht sein, was du bist und was du nicht bist – du kannst nur das sein, was du bist. Jetzt, in diesem Augenblick, bin ich so alt, wie ich bin und nicht älter oder jünger."

„Und ich habe den Namen, den ich habe, und keinen anderen."

„Und du trägst die Kleidung, die du trägst, und nicht irgendeine andere."

„Und meine Schultasche ist eine Schultasche, nicht eine – ‚nicht eine' –"

„– nicht eine Nicht-Schultasche." Die Mädchen fanden die Idee einer Nicht-Schultasche äußerst lustig.

Lisa begann ihren Schlüssel zu suchen, um die Haustür aufzusperren. „Kein Schlüssel", lachte sie, während sie in ihrer Schultasche wühlte, „nur eine Menge von Nicht-Schlüsseln. Ah, da ist er ja."

Als Lisa die Tür aufsperrte, rief Mira: „Weißt du was? Das ist eine Regel! So ähnlich wie Harrys Regel, nur werden hier keine Sätze umgekehrt. Ich weiß nicht, wie ich es dir erklären soll, aber es ist irgendwie so: Wenn etwas zu einem bestimmten Zeitpunkt falsch ist, kann es nicht wahr sein. Es muss das eine oder das andere sein: Es kann nicht beides sein."

„Also es ist, wie wir gerade gesagt haben. Ein Mädchen kann kein Nicht-Mädchen sein. Eine Giraffe kann keine Nicht-Giraffe sein. Eine lebende Person kann keine nicht-lebende Person sein."

„Ja, genau! Es ist eine Regel, die immer gilt! Hab' ich Recht?"

Lisa zögerte. „Das weiß ich nicht. Ich bin mir einfach nicht sicher. Bedeutet das zum Beispiel, dass es zwischen Leben und Tod nichts geben kann; oder dass es nichts geben kann, das zwischen Mensch und Tier existiert?"

Mira starrte Lisa einen Augenblick an, dann lächelte sie. „Nein, so habe ich das nicht gemeint. Woher soll ich denn wissen, ob es zwischen Leben und Tod noch etwas gibt? Ich sage nur, wenn etwas lebendig ist, dann kann es nicht nicht-lebendig sein. Wenn etwas menschlich ist, dann kann es nicht nicht-menschlich sein. Das wollte ich damit sagen."

„Das scheint richtig zu sein", antwortete Lisa. „Das heißt, es klingt großartig. Aber ich möchte noch etwas darüber nachdenken."

Am nächsten Tag erzählten sie Harry und Toni von der Regel, die sie entdeckt hatten. „Entweder etwas ist, oder ist nicht", sagte Mira. „Es kann nicht beides gleichzeitig sein."

„Nenn mir ein Beispiel", forderte Harry sie auf.

„Nehmen wir zum Beispiel ein Flugzeug", setzte Mira fort. „Entweder es fliegt zu einem bestimmten Zeitpunkt, oder es fliegt nicht. Aber es kann nicht beides zur selben Zeit stattfinden."

„Klingt logisch", sagte Harry.

„Das finde ich auch", meinte Toni.

„Wartet!", fiel Lisa ihnen ins Wort. „Ich habe da Schwierigkeiten damit."

„Wie meinst du das?", fragte Mira.

„Das Flugzeug, von dem du gerade gesprochen hast – wo ist es?"

„Na, wo immer es ist – wie soll ich das wissen?"

„Gut, es ist also, wo es ist, und nicht, wo es nicht ist?"

Mira verzog das Gesicht. „Richtig. Es ist in dem Raum, in dem es ist, und nicht in irgendeinem anderen."

„Aber genau da liegt mein Problem", erwiderte Lisa. „Ein Flugzeug beansprucht genau den Raum, in dem es ist. Aber kann es darin fliegen?"

„Natürlich nicht, da wäre ja nicht genügend Platz für irgendwelche Bewegungen."

„Andererseits", fuhr Lisa fort, „kann ein Flugzeug in einem Raum fliegen, den es *nicht* einnimmt?"

„Ich denke nicht. Es kann nicht sein, wo es nicht ist. Es kann nur sein, wo es ist."

Lisa triumphierte: „Damit habe ich bewiesen, dass ein Flugzeug nicht fliegen kann! Es kann nicht fliegen, wo es ist, und es kann nicht fliegen, wo es nicht ist!"

„Aber Flugzeuge fliegen *trotzdem*, das weißt du doch", betonte Harry nachdrücklich. „Das ist eine Tatsache."

„Sicher", Lisa lachte. „Sie fliegen von dort, wo sie sind, dorthin, wo sie nicht sind."

„Willst du damit sagen, dass die Regel nicht funktioniert?", wollte Mira wissen.

„Nein, aber es macht dir doch nichts aus, dass ich sie überprüfe?" Und nach dieser Bemerkung lief Lisa davon.

Später sagte Harry: „Diese Regel ist eine gute Regel. Ich kann Lisas Beispiel nicht wirklich ernst nehmen, weil ich weiß, dass Flugzeuge fliegen. Aber ich kann auch nicht sagen, wo sie sich irrt. Zumindest nicht jetzt."

„Ich denke, es ist eine gute Regel, weil sie mir verstehen hilft, was es heißt, zu verstehen", bemerkte Toni.

„Ja", antwortete Harry. „Aber Verstehen ist irgendwie wie Fliegen. Man bewegt sich immer von dem, was man weiß, zu dem, was man nicht weiß, oder von dem, was man nicht weiß, zu dem, was man weiß. Aber es ist mir einfach nicht klar, wie das alles genau funktioniert."

EPISODE NEUN – *Muss Toni mit Sigi raufen?*

Michi Minkowski boxte Toni leicht in die Rippen und fragte: „Was ist eigentlich mit dir und Laura?"

„Wovon redest du denn?", brauste Toni auf. „Nichts."

„Laura sieht das aber anders", beharrte Michi.

„Was heißt das?", fragte Toni.

„Nun, Sigi Melzer hat es auf Laura abgesehen und versucht ständig sie zu überreden, mit ihm zu einem Rockkonzert ins Kulturhaus zu gehen. Aber sie sagt ihm immer wieder, dass sie nicht mit ihm ausgehen kann, weil sie mit dir verabredet ist."

Toni sah ihn entgeistert an. „Das ist eine Lüge! Ich war noch nie in meinem Leben mit ihr aus."

„Das ist aber noch nicht alles. Das Schlimmste kommt noch."

„Was denn noch?"

„Na ja, Laura erklärte Sigi, dass *du* gesagt hättest, *du* würdest ihn verprügeln, wenn er sie nicht in Ruhe lässt."

„Aber – aber –", stammelte Toni, „sie weiß, dass das nicht wahr ist! Erst gestern hat sie mir gesagt, dass sie mit mir nirgends hingehen würde, nicht einmal, wenn ich sie einlade."

„Offensichtlich sagt sie etwas zu dir und erklärt Sigi genau das Gegenteil. Das beweist nur, wie launenhaft Mädchen sind."

„Ich verstehe nichts von Mädchen", sagte Toni geistesabwesend, „aber es kann nicht wahr sein, dass ich mit ihr ausgehe und nicht mit ihr ausgehe. Egal, ich glaub' nicht, dass Sigi sie ernst nimmt."

„Da irrst du dich aber. Er hat mir aufgetragen, dir auszurichten, dass du morgen um vier auf den Platz hinter der Schule

kommen sollst. Er meint, er wird dich ordentlich auseinander-
nehmen."

„Na, toll!", brummte Toni. „Einfach großartig!"

Als Lisa zu den beiden kam, erklärte Michi ihr, was passiert
war. Dann tauchte Harry auf, und Michi erzählte die Geschichte noch einmal von vorne. Toni hörte die ganze Zeit zu und
sagte kein einziges Wort. Er zeichnete mit der Spitze seines Turn-
schuhs Linien in den Sand.

„Beunruhigt, Toni?", wollte Michi wissen.

Toni zuckte die Achseln. „Warum sollte ich beunruhigt sein?"

„Na, weil er dich zusammenschlagen könnte."

„Schau", Toni war ungeduldig, „entweder kommt es zu einem
Kampf – oder es kommt nicht dazu. Es gibt nur zwei Möglich-
keiten. Wenn es nicht zum Kampf kommt, habe ich keinen
Grund, besorgt zu sein. Und wenn es dazu kommt, kann ich gut
auf mich selbst aufpassen."

Harry ließ sich Tonis Bemerkung durch den Kopf gehen.
„Willst du damit sagen: ‚Was sein muss, muss sein.‘ – wie die
Leute immer meinen?"

„Ich denke, ja."

„Also", Harry verfolgte den Gedanken weiter, „dann ist alles,
was morgen passiert, bereits entschieden?"

Toni runzelte die Stirn. „Das habe ich nicht gesagt. Worauf
willst du eigentlich hinaus?"

„Ich meine", erwiderte Harry nach einer kurzen Pause, „obwohl *wir* nicht wissen, was morgen geschehen wird, ist es möglich, dass bereits entschieden ist, was geschehen *wird*? *Wir* wissen
nur, dass es morgen entweder zu einer Prügelei kommt oder
nicht. Das können wir mit Hilfe der Regel, die Mira und Lisa
entdeckt haben, herausfinden: beides ist möglich. Tatsächlich ist
es aber so, dass nur eine Möglichkeit wirklich zutreffen kann
– wir wissen nur nicht, welche. Also ist vielleicht schon entschieden, was morgen geschehen wird."

„Überhaupt nicht", sagte Toni, „da irrt ihr euch gewaltig. Die Zukunft ist nicht vorausbestimmt. Es ist richtig, dass es morgen entweder einen Kampf geben wird oder nicht. Aber egal, was passieren wird – *alles* ist möglich."

„Da bin ich nicht deiner Meinung", wandte Michi ein. „Ich denke mir, was geschehen wird, ist schon so gut wie besiegelt. Angenommen, ich werde morgen einen Schnupfen bekommen. Das bedeutet doch, dass die Voraussetzungen dafür, dass ich morgen einen Schnupfen habe, heute schon vorhanden sind, richtig?"

„Richtig!", sagte Harry.

„Also, wenn mich ein Arzt heute sorgfältig untersuchen würde, könnte er mir sagen, ob ich morgen einen Schnupfen bekommen werde, genauso wie die Meteorologen einen Sturm vorhersagen können. Ich glaube, die Zukunft ist bereits entschieden, auch das, was mit dir morgen passieren wird, Toni."

„Wie denkst du darüber?", fragte Harry Lisa.

„Ich bin mit Toni einer Meinung", sagte Lisa nur. „Alles kann passieren. Was glaubst du?"

Harry schüttelte den Kopf. „Ich weiß es einfach nicht. Wenn ich Toni zuhöre, bin ich überzeugt, dass er Recht hat, und wenn ich Michi zuhöre, bin ich überzeugt, dass *er* Recht hat. Aber wenn ich mich für eine Meinung entscheiden müsste, würde ich Michi zustimmen, glaube ich."

„Zwei gegen zwei", sagte Lisa. „Unentschieden."

„Aber wird es morgen auch ein Unentschieden geben?", zweifelte Michi.

Am nächsten Tag kam es tatsächlich zum Kampf. Hassan und Michi gingen mit Toni zur vereinbarten Zeit auf den Platz hinter der Schule. Toni übergab Hassan seine Brille. Dann kam Sigi, gefolgt von einigen Freunden. Er rannte auf Toni zu, der hob die Arme, um sich zu schützen, aber ein Stoß in den Brustkorb ließ ihn zu Boden fallen. Das nächste, was die Zuschauer bemerkten, war, dass Sigi mit blutender Nase wegging und Toni auf der Treppe zum Hintereingang saß und nach Luft rang.

„Du hast gewonnen, Toni", sagte Hassan begeistert.

Toni sah zu Hassan auf. „Ja klar."

„Du kannst stolz sein", meinte Michi. „Schau nur, das viele Blut!"

Toni schwieg. Er konnte sich vorstellen, dass Sigis Freunde diesem auch zu *seinem* Sieg gratulierten, während sie die Verletzung an seiner Nase versorgten. Schließlich überlegte Toni: „Sigi dachte, er hätte keine andere Wahl. Er hatte das Gefühl, dass er das, was er tat, tun musste. Ich kann ihn verstehen. Ich nehme es ihm nicht übel. Wenn Laura so etwas zu mir gesagt hätte, würde ich vielleicht dasselbe tun, was er getan hat." Nach einer kurzen Pause fügte er hinzu: „Andererseits habe ich getan, was *ich* tun musste. Als das alles anfing, hatte ich das Gefühl, wirklich kaum eine andere Wahl zu haben. Jetzt möchte ich das Ganze am liebsten vergessen."

Nach einer Weile ging Toni mit Hassan weg, und Michi blieb allein auf einer der obersten Stufen der Treppe sitzen.

KAPITEL 5

EPISODE ZEHN – Die drei Köpfe des Riesen

„Herr Kovacs", sagte Toni, „angenommen, Sie halten etwas für sehr wichtig und glauben fest daran. Wie beweisen Sie das anderen Leuten?"

Herr Kovacs zog die Augenbrauen hoch. „Fragst du mich, wie du deine Auffassungen und das, was du glaubst, verteidigen kannst?"

„Ich – ich glaube, das meine ich, ja."

„Wir haben doch vergangenes Jahr herausgefunden, dass es Schlussfolgerungen gibt, die man *Argumente* nennt –"

„Ja, Prämissen und Konklusionen."

„Und haben wir nicht auch herausgefunden, wie man garantieren kann, dass unsere Konklusionen wahr sind?"

„Ich erinnere mich!", rief Lisa. „Wenn man ein Argument bildet, muss man richtige Schlüsse ziehen, und die Prämissen müssen wahr sein. Nur so kann man beim Begründen sicher sein, dass die Konklusion wahr ist."

„Gut", bestätigte Toni. „Damit wissen wir, wo das Problem liegt. Jetzt müssen wir nur noch entdecken, was Sätze wahr macht."

„Ist ja toll", warf Sigi sarkastisch ein. „Wir müssen nur herausfinden, was Sätze wahr macht. Oh, Mann!"

Lisa wandte sich an Herrn Kovacs: „Hat Toni recht, Herr Kovacs? Ist das alles, was notwendig ist?"

Herr Kovacs schaute einen Moment aus dem Fenster, dann wandte er sich wieder zu Lisa. „Ich vermute, Toni hat Recht, Lisa. Aber Sigi hat auch Recht. Es wird nicht einfach sein."

* * *

„Papa."

„Sohn."

„Papa, bitte nicht! Ich möchte dich etwas fragen."

„Du kannst einen aber wirklich überraschen. Sicher erzählst du mir gleich noch so etwas Aufregendes, vielleicht dass der Tag auf die Nacht folgt?"

„Papa, muss das sein?"

„Was willst du mich fragen?"

„Wir versuchen herauszufinden, was wahr ist und wie man wahre Aussagen von falschen unterscheidet."

„Und, wie seid ihr weitergekommen?"

„Nicht besonders."

„Lass es mich wissen, wenn ihr zu einem Ergebnis gekommen seid."

„Papa, du bist aber keine große Hilfe."

„Du hast mich ja noch nichts gefragt."

„Wie wissen wir, was wahr ist?"

„Willst du die Wahrheit hören?"

„Natürlich."

„Ich weiß es nicht."

„Das ist ja gut! Ich habe immer geglaubt, dass es die Aufgabe meiner Eltern ist, mir den Unterschied zwischen richtig und falsch zu erklären!"

„Du hast mich nicht nach dem Unterschied zwischen richtig und falsch gefragt. Du hast mich nach dem Unterschied zwischen wahr und falsch gefragt."

„Aber das hängt doch zusammen. Es ist immer richtig, die Wahrheit zu sagen, und es ist immer falsch, nicht die Wahrheit zu sagen."

„Schau Harry, du kennst doch alle Antworten. Ich verstehe nicht, warum du mich überhaupt fragst."

„Genau *deshalb* muss ich immer Fragen stellen! Wenn ich versuche, etwas zu sagen, machst du dich immer über mich lustig."

„Ich mache mich nicht über dich lustig. Ich will doch nur, dass du eigenständig nachdenkst."

„Also gut, wenn es dir nicht gefällt, wie ich es gesagt habe, dann versuche ich es einmal mit einer Frage. Ist es jemals richtig zu lügen?"

„Wenn es Fälle gibt, in denen es falsch ist, die Wahrheit zu sagen, dann gibt es auch Fälle, in denen es richtig ist, nicht die Wahrheit zu sagen."

„Papa! Lass diesen Unsinn, bitte."

„Harry du stellst mir ständig Fragen, die oberflächlich betrachtet ganz einfach sind, aber sie sind überhaupt nicht einfach. Deine Fragen sind so harmlos wie eine Rasierklinge. Ich müsste verrückt sein, wenn ich versuchen würde, dir eine einfache Antwort zu geben."

„Warum kannst du nicht einfach ja oder nein sagen?"

„Wie du meinst. Aber zuerst beantworte mir eine Frage. Bin ich intelligent?"

„Ich –"

„Die Wahrheit, Harry."

„Ich meine –"

„Sicher, du meinst, dass ich in mancher Beziehung intelligent bin und in mancher Weise nicht, richtig?"

„Du willst einfach nicht auf meine Antwort warten."

„Ich brauche nicht darauf zu warten. Ich habe gesagt, was ich sagen wollte."

„Und das wäre?"

„Wenn du mir eine Frage stellst, erwartest du sofort ja oder nein als Antwort, aber wenn ich dir so eine Frage stelle, möchtest du eine Weile herumstottern, ohne wirklich etwas darauf zu antworten."

„Papa."

„Ja, ich bin da."

„Du scheinst damit sagen zu wollen, dass es einen Unterschied gibt zwischen der Frage, was es heißt, die Wahrheit zu sagen, und der Frage, was die Wahrheit ist. Und du willst auch sagen, dass jede dieser Fragen komplizierter ist, als sie aussieht. Ist das richtig?"

„Das ist richtig."

„Gut, dann fangen wir bei der ersten Frage an: Was bedeutet es die Wahrheit zu sagen? Kannst du mir erklären, was daran so kompliziert ist, dass du nicht eine einfache Antwort darauf geben kannst?"

„Kannst du dich an dieses norwegische Märchen erinnern, das ich dir oft vorgelesen habe – das von dem Riesen mit zwei zusätzlichen Köpfen, jeweils einem unter jedem Arm?"

„Sicher."

„Angenommen, ich frage dich, ob der Riese schön ist. Was würdest du darauf antworten?"

„Ich könnte dir keine Antwort geben, wenn ich nur einen seiner Köpfe sehe. Ich müsste alle drei anschauen können, wie sie zusammen aussehen."

„Richtig; wäre es nicht möglich, dass deine Frage auch zwei versteckte Köpfe zusätzlich zu dem einen sichtbaren hat?"

„Ja, aber ich kann dir nicht folgen."

„Sagen wir, der offensichtliche, der sichtbare Kopf steht für die Frage, ob das, was du sagst, wahr oder falsch ist. Nehmen wir ferner an, der eine verborgene Kopf steht für die Absicht hinter dem, was du sagst, und der zweite dafür, ob du damit jemanden verletzt. Wie du vorhin festgestellt hast, möchtest du vielleicht alle drei Köpfe betrachten und sehen, wie sie zueinander in Beziehung stehen, bevor du dich entscheidest, ob es richtig oder falsch ist, etwas zu sagen."

„Wann wäre es also falsch – immer falsch – zu lügen? Wie könnte ich sicher sein, dass es falsch wäre?"

„Ich weiß das auch nicht mit absoluter Sicherheit, aber ich glaube, du könntest ziemlich sicher sein, wenn du wüsstest, dass das, was du gesagt hast, falsch war, wenn du jemanden damit verletzten wolltest, und dass es, wenn du es sagst, mehr schadet als nützt."

„Das sind die drei Köpfe des Riesen?"

„Genau. Das sind die drei Köpfe des Riesen. Aber ich möchte dich warnen, nur sehr selten findet man alle drei Köpfe, und wenn man nur einen oder zwei seiner Köpfe sieht, muss man einfach raten."

„Papa, kannst du mir nicht besser erklären, was geschieht, wenn man nur einen oder zwei und nicht alle drei Köpfe sieht?"

„Sicher. Aber dann musst du hinnehmen, dass ich dir eine Geschichte erzähle. Meinst du, dass du das aushalten kannst?"

„Ich werde es versuchen. Ich bin zu allem bereit."

„Also gut. Es handelt sich um eine Art persönliche Erinnerung..."

„Du meinst, es ist wahr?"

„Was hab' ich dir denn über solche Fragen gesagt?"

„Schon gut, ich bin ja schon ruhig. Erzähl es mir – so wie du es in Erinnerung hast."

„Als ich noch ein Kind war, viel jünger als du, beschloss meine Mutter, eine Geburtstagsparty für mich zu planen! Und sie sagte, ich sollte alle Kinder aus meiner Klasse dazu einladen. Ich sollte jedem eine Einladung für den Nachmittag des 14. schicken. Als erstes wählte ich Manfred. Aber ich mochte Manfred nicht und wollte ihm wehtun. Also schrieb ich ihm absichtlich, er sollte am 16. kommen. Aber irgendwie hat er herausbekommen, dass die Party am 14. ist: Er kam am richtigen Tag und amüsierte sich prächtig."

Harrys Augen leuchteten auf. „Du hast also gelogen und hattest böswillige Absichten, aber es entstand kein größerer Schaden."

„Richtig. Die nächste war Sabine, die ich nicht leiden konnte. Ich lud sie für den 14. ein und fügte hinzu, dass ich sie widerlich finde."

„Du hast also die Wahrheit geschrieben", unterbrach Harry, „und du hattest die Absicht, sie zu verletzen."

„Und ich habe sie verletzt. Dann bat ich meinen Freund Peter, der nicht in meine Klasse ging, zu kommen. Ich schrieb ihm, meine Mutter würde ihn gerne sehen – aber das war überhaupt nicht wahr. Aber ich wollte nichts Böses. Und Peter kam, und wir hatten viel Spaß zusammen."

„Hast du noch mehr Kinder eingeladen?"

„Ich werde dir nur noch von einem Mädchen erzählen – Linda. Ich mochte Linda sehr, sehr gern. Aber aus Versehen lud ich sie für den 16. ein. So versäumte sie die Party und war sehr verletzt."

„Es war falsch, du hast Schaden verursacht, aber nicht böswillig", stellte Harry fest.

„Ich könnte noch viel mehr darüber erzählen."

„Bitte nicht. Mir brummt schon der Kopf."

„Du wolltest es doch ausführlich hören."

„Ja", erwiderte Harry grimmig, „so wollte ich es und nicht anders."

EPISODE ELF – *Maria in Gefahr*

Es hatte aufgehört zu regnen, und Harry, Markus und Hassan balancierten auf dem Bordstein vor der Schule. Sie beobachteten die Einfahrt, die völlig unter Wasser stand.

„Der Kanal ist verstopft", stellte Hassan fest.

„Ja", antwortete Markus. „Ich werde mit einem Zweig ein bisschen herumstochern." Aber das nasse Laub war so dicht zusammengepresst, dass Markus es nicht entfernen konnte. Hassan hatte einen stärkeren Ast gefunden und begann Markus zu helfen.

Da kamen zwei ältere Jungen vorbei, die Markus sofort erkannte. Es waren die beiden, die Maria vor einer Woche auf dem Heimweg belästigt hatten. Sie wussten nicht, dass Markus Marias Bruder war. Einer von ihnen fragte: „Ihr da, hat einer von euch Maria gesehen?"

Hassan und Harry schüttelten den Kopf.

Der andere Junge meinte: „Wir wollen uns einen kleinen Spaß mit ihr erlauben." Sein Freund grinste.

Markus sagte: „Sie ist vor etwa zehn Minuten aus der Schule gekommen. Sie sagte, sie müsste auf dem schnellsten Weg nach Hause."

Die beiden Jungen starrten Markus einen Augenblick an, dann gingen sie weiter. Hassan begann wieder, in dem zusammengepressten Laub herumzustochern. Nach einer Weile kam Mildred vorbei. „Markus", rief sie mit ihrer schrillen Stimme, „hast du Maria gesehen?"

Markus nickte: „Ja, sie ist noch in der Schule. Sie arbeitet mit Lisa und Mira an irgendeinem Referat." Mildred ging zurück in das Schulgebäude.

„Sie haben dich alle dasselbe gefragt, Markus", wunderte sich Hassan, „aber du hast ihnen völlig andere Antworten gegeben."

Markus nickte. „Verschiedene Situationen", antwortete er.

Da kamen Maria, Lisa, Mira und Mildred aus der Schule. Markus erzählte Maria von dem Vorfall. Die anderen hörten aufmerksam zu. Dann meinte Hassan: „Es war schon komisch zu hören, wie Markus zweimal hintereinander dasselbe gefragt wurde. Einmal antwortete er mit einer Lüge, das andere Mal sagte er die Wahrheit."

Lisa konnte nicht anders, sie musste Markus ein wenig ärgern. „Das hast du gut gemacht, Markus. Aber du wirst wohl kaum gute Noten für konsequente Antworten bekommen."

Markus bekam einen roten Kopf, und keiner schien etwas dazu sagen zu wollen, bis Harry schließlich vorsichtig begann: „Also –"

Lisa sah ihn fragend an.

„Ich meine", sagte Harry langsam, „Markus wäre nur dann inkonsequent gewesen, wenn die beiden Situationen gleich gewesen wären. Aber da lagen Welten dazwischen."

„Ach, du hast die Entfernung zwischen ihnen gemessen?", meinte Lisa scherzhaft. „Kannst du uns deine Kriterien nennen?"

Harry zerbrach sich den Kopf und wollte gerade aufgeben, als ihm die drei Köpfe des Riesen einfielen. Aber bevor er noch etwas sagen konnte, brach es aus Mildred heraus: „Diese Kerle – ich wette, die führten nichts Gutes im Schilde. Sie hatten kein Recht auf eine ehrliche Antwort! Nur eine ehrliche Frage verdient eine ehrliche Antwort!"

„Soll das heißen", fragte Mira, „dass man, bevor man jemandem eine Frage beantwortet, wissen muss, ob diese Person gute oder schlechte Absichten hat?"

Harry konnte sich nicht länger zurückhalten. „Wartet mal!", rief er mit erhobenen Händen und gespreizten Fingern. „Es ist gar nicht so schwierig! Ja, es *gibt* Kriterien: Wahrheit, Konsequenzen und Absichten." Die anderen starrten ihn verwundert an, doch sie wussten, dass sie Harry nicht erst auffordern mussten, mehr zu sagen. „Schaut, nehmen wir den Fall mit diesen beiden Jungs. Sie stellten eine Frage, aber ihre Absichten – die Gründe, warum sie fragten – waren nicht gut. Ihre bösen Absichten disqualifizierten ihre Frage – da bin ich mit Mildred einer Meinung. Und wenn Markus eine ehrliche Antwort gegeben hätte, hätte das vermutlich böse Folgen gehabt."

„Okay", sagte Lisa, „aber wie ist es mit Markus' Antwort auf Mildreds Frage?"

„Dieselben drei Kriterien", antwortete Harry. „Mildreds Absichten waren in Ordnung und die Folgen seiner ehrlichen Antwort auf ihre Frage schienen auch in Ordnung; also sagte Markus die Wahrheit. Ich finde nichts falsch an seinem Verhalten."

„Aber was ist mit seiner Inkonsequenz?", beharrte Lisa.

Harry zuckte die Schultern. „Ich denke nicht, dass er inkonsequent *war*. Wir sind uns alle einig, dass die beiden Situationen völlig verschieden waren. Wenn sie ganz gleich gewesen wären, und er hätte einmal eine Antwort gegeben und das zweite Mal genau das Gegenteil davon, *dann* wäre es inkonsequent gewesen."

Später gingen Mira und Lisa noch ein Stück zusammen. Lisa sagte: „Ich hatte wirklich nichts gegen Markus´ Verhalten. Ich wollte ihn nur ermuntern, Gründe dafür anzugeben."

„Lügen ist kein Problem für dich?"

„Es ist kein *persönliches* Problem für mich", versicherte Lisa schnell. „Ich meine, ich komme gar nicht oft in Versuchung zu lügen. Ich *hasse* es sogar, und ich sage wirklich gern die Wahrheit. Aber warum tun wir es eigentlich?"

„Warum tun wir was?"

„Warum sagen wir die Wahrheit? Komisch – ich kann mich nicht daran erinnern, dass mir meine Eltern jemals aufgetragen hätten, niemals zu lügen und immer die Wahrheit zu sagen."

„Du fragst dich, warum wir die Wahrheit sagen, und ich frage mich, wie wir wissen, was wahr ist." Mira dachte kurz nach, dann fügte sie hinzu: „Egal, vielleicht lernen wir mehr aus der Art, wie unsere Eltern leben, als aus dem, was sie uns sagen."

Lisa grinste. „Und vielleicht bin ich einfach ein Sorgenkind. Mein Vater nennt mich manchmal so."

Mira fiel plötzlich wieder ein, dass sie am nächsten Tag eine Biologiearbeit abgeben musste. „Lisa", bat sie, „erinnerst du mich morgen bitte an etwas?"

„Das kommt ganz darauf an, wie ich morgen aufgelegt bin", antwortete Lisa.

Episode Zwölf – *Der Versuch, Herrn Kovacs zu helfen*

Am Donnerstagnachmittag hatte die Delegation ihren Termin bei Herrn Parthold. Im Vorraum vor seinem Büro zögerte Markus plötzlich: „Wartet noch! Sollten wir uns nicht eine Strategie zurechtlegen, bevor wir hineingehen?"

„Am besten erklären wir Herrn Parthold einfach, warum Herr Kovacs keine Schuld hat", meinte Mildred dazu.

„Nein", antwortete Markus, „wir müssen einen Plan haben."

Aber niemand machte Vorschläge, und Herrn Partholds Sekretärin wurde schon ungeduldig. Markus sah Harry nervös an.

„Na ja –", begann Harry zögernd, „ich denke, wir sollten versuchen, ihm zu beweisen, dass das, was wir getan haben, mit *seinen eigenen Ansichten* übereinstimmt."

„Ja, genau!", rief Mira. „Und dass das, was er getan hat, seinen Ansichten widerspricht!"

Die Sekretärin führte sie in Herrn Partholds Büro, obwohl Markus betonte, dass sie schon allein hineinfinden würden. Herr Parthold telefonierte gerade, als sie ins Zimmer kamen; also warteten sie schweigend in den großen Lederfauteuils und auf dem Ledersofa, bis er das Gespräch beendet hatte.

Schließlich legte Herr Parthold auf und wandte sich den Schülerinnen und Schülern zu und erklärte ihnen, wie sehr er sich freue, ihre Probleme mit ihnen besprechen zu können, wie selten er dafür Zeit habe und dass sie das in Zukunft öfter tun sollten. Er fügte hinzu, wie stolz er auf sie wäre, weil sie daran interessiert seien, Probleme vernünftig auszudiskutieren und dass er wüsste, dass auch ihre Eltern stolz auf sie seien. „Nun", sagte er schließlich, „wie kann ich euch helfen?"

Markus ergriff als erster das Wort. „Herr Parthold, wir möchten mit Ihnen über Herrn Kovacs sprechen."

Lisa schien es, dass sich Herrn Partholds Miene beinahe unmerklich verdunkelte, aber er fragte nur: „Was gibt es denn über ihn zu besprechen?" Noch bevor jemand antworten konnte, fuhr er fort: „Ich habe wirklich eine sehr hohe Meinung von Herrn Kovacs. Absolut. Ein ausgezeichneter Lehrer, und auch als Mensch schätze ich ihn außerordentlich. Ja, wirklich, er ist ein Vorbild für alle."

Miras Augen blitzten auf. „Würden sie das auch von einem anderen Lehrer oder einer anderen Lehrerin behaupten, dass er oder sie ein Vorbild für alle ist?"

Aber jetzt flüsterten Lisa und Suki Mira zu: „Beruhige dich wieder." Und Mira, sagte nichts mehr.

Herr Parthold wies noch einmal darauf hin, wie sehr er Herrn Kovacs schätze. „Aber ich bin sicher, ihr seid nicht zu mir gekommen, um euch anzuhören, wie viel ich von ihm halte. Was kann ich wirklich für euch tun?"

Markus versuchte es noch einmal. „Es geht ein Gerücht um, dass Herr Kovacs nicht befördert werden soll – oder dass vielleicht nicht einmal sein Vertrag verlängert wird –, nur weil er uns erlaubte, während des Unterrichts über Herrn Pigerbauers Entlassung zu sprechen. Es heißt, Herrn Kovacs werde mangelnde Urteilskraft vorgeworfen, weil er uns in der Klasse über schulpolitische Entscheidungen diskutieren ließ. Da haben wir uns gedacht, es wäre besser, mit Ihnen darüber zu sprechen."

„Ich kann euch versichern –", Herr Parthold schien nach Worten zu suchen, „Ich kann euch versichern, dass wir uns alle bewusst sind, dass euch in dieser Angelegenheit keine Schuld trifft. Ganz sicher nicht. Euch wirft man absolut nichts vor."

„Herr Parthold", unterbrach Harry, „wir sind nicht gekommen, weil wir dachten, dass man *uns* etwas vorwirft. Wir wären nie auf die Idee gekommen, dass an dem, was wir getan haben, etwas falsch sein könnte. Sogar Sie sagen uns immer wieder, wie stolz Sie auf uns sind. Wir wollen gar nicht von uns sprechen, sondern von Herrn Kovacs."

Herr Parthold räusperte sich und begann über die große Verantwortung eines Lehrers zu reden und über seine Pflicht, sich an die Regeln und Vorschriften der Schule zu halten. Er behandelte dieses Thema ganz ausführlich, und niemand wagte es, ihn zu unterbrechen.

Schließlich machte Herr Parthold eine Pause, und Toni nützte sie, um zu fragen, was mit Herrn Kovacs passieren würde.

Herr Parthold legte seine Hände mit den Handflächen nach oben vor sich auf den Schreibtisch. „Also bitte! Ich bin doch kein Wahrsager! Ich habe keine Ahnung, wie der Fall ausgehen wird. Ich bin für solche Dinge nicht zuständig. Das liegt nicht in meiner Hand. Und selbst wenn es anders wäre, fände ich es vollkommen unangebracht, so etwas mit Schülerinnen und Schülern zu diskutieren."

„Aber Herr Parthold", sagte Suki, „wir wollen Ihnen doch nur klarmachen, dass wir felsenfest davon überzeugt sind, dass Herr Kovacs unschuldig ist."

„Ja, so ist es", bestätigte Markus. „Wir finden nicht, dass er irgendetwas falsch gemacht hat. Wir würden uns ganz miserabel fühlen, wenn eine unschuldige Person in unserer Schule bestraft wird. Und es wäre für uns doppelt so schlimm, wenn das wegen uns geschieht."

„Herr Parthold", fügte Harry hinzu, „wenn wir an dieser Schule eine gute Bildung bekommen sollen, dann sollte niemand bestraft werden, wenn er uns hilft, selbstständig zu denken."

„Ja, aber Herr Kovacs *ist* getadelt worden, obwohl er uns doch nur geholfen hat, selbstständig zu denken." Miras Stimme zitterte, als sie das sagte.

Herr Parthold sah die Mitglieder der Delegation ernst an. „Also folgt daraus, dass ihr an dieser Schule keine gute Bildung bekommen könnt – richtig?"

Bevor ihm noch jemand antworten konnte, kam die Sekretärin ins Zimmer und verkündete: „Frau Berger ist hier, wegen Robert."

Herr Parthold stand auf, worauf den Kindern nichts anderes übrig blieb, als dasselbe zu tun. „Ich bin froh über diese kleine Unterhaltung", sagte er liebenswürdig. „Es tut gut, einander von Zeit zu Zeit unsere Gefühle und Gedanken mitzuteilen." Und damit schob er sie sanft aus dem Zimmer.

Markus war wütend. „Ja, wir haben ihm zwar unsere Gedanken mitgeteilt, aber er hat uns mit keinem Wort wissen lassen, was er denkt. Mensch, haben wir viel erreicht!"

„Wir hatten ja nicht einmal eine Chance, darüber zu diskutieren, weil uns diese Sekretärin nur ein paar Minuten zwischen zwei Terminen gegeben hat", sagte Toni. „Das war vielleicht blöd von uns, dass wir nicht gleich um mehr Zeit gebeten haben."

„Das hätte auch nichts genützt", bemerkte Mira. „Das weißt du genau."

* * *

Michi, der am Fenster stand, konnte unten im Vorgarten der Schule etwas Interessantes beobachten. Ein Auto war an den Bordstein gefahren, eine junge Frau war ausgestiegen, und man sah sie nun den Weg zur Tür hinauflaufen. Als sie etwa die Hälfte des Weges zu ihrem Ziel zurückgelegt hatte, kam Herr Kovacs herausgestürzt, rannte die Stufen hinunter und umarmte sie.

Die Schülerinnen und Schüler schauten schweigend zu. Als Herr Kovacs und das Mädchen ins Auto stiegen, sagte Michi: „Und so, während die Sonne langsam hinter den violetten Hügeln versinkt, lassen wir unseren Helden und unsere Heldin Hand in Hand in den Sonnenuntergang schlendern."

Markus kommentierte: „Schon gut, Michi, das ist nicht unser Problem. Unser Problem ist, was wir in Bezug auf die Situation hier in der Schule tun werden."

Laura antwortete: „Tun? Warum sollten wir etwas tun? Mir scheint, Herr Kovacs macht sich keine Sorgen um Herrn Parthold. Im Moment ist er mehr an ihr interessiert –" sie deutete auf den Bürgersteig, auf dem das Paar gerade noch gewesen war. „Außerdem wird alles, was wir tun, nur noch mehr Ärger verursachen."

Worauf Markus antwortete: „Oh, Junge, das ist ein Affentheater!"

Am nächsten Tag verlor Michi keine Zeit. „Herr Kovacs," wollte er wissen, „das Mädchen, mit dem wir Sie gesehen haben – wer war sie?"

Herr Kovacs sah leicht erschrocken aus. „Aber das war Heather."

„Und was ist sie für Sie – oder sollen wir das nicht fragen?", sagte Laura schüchtern.

„Ist sie Ihre Freundin?", fragte Mildred.

„Werden Sie sie heiraten?", fragte Hassan.

Herr Kovacs hielt seine Hände hoch, sehr amüsiert. „Hört zu, wenn ich nur eine Aussage darüber mache, müsst ihr mir versprechen, mich in Ruhe zu lassen, und keine weiteren Fragen mehr zu stellen, Hand aufs Herz?" Sie nickten eifrig. „Okay. Wir haben über das Heiraten geredet, aber es ist noch nichts entschieden. Sie ist Studentin an der Universität, also hat sie keinen Job, und ich weiß nicht, ob ich nächstes Jahr einen haben werde, also diskutieren wir immer noch, was wir tun sollten."

„Heiraten Sie sie trotzdem!", rief Michi aus. Dann sagte er wehmütig zu Tim: „Was für ein Durcheinander!"

„Halt die Klappe, Michi", sagte Harry ärgerlich und wandte sich an Herrn Kovacs. „Heißt das – verstehe ich das richtig – heißt das, dass Sie nächstes Jahr vielleicht nicht mehr hier sind?"

„Hatten wir nicht vereinbart, dass es keine weiteren Fragen gibt?", sagte Herr Kovacs.

„Das ist auch eine Frage", gab Michi zurück, und alle lachten.

KAPITEL 6

EPISODE DREIZEHN – Lisa kauft ein

„*Muss* ich wirklich?", Lisas Stimme klang gereizt.

„Du wirst *nicht* zu Onkel Fred und Tante Grete auf Besuch fahren, ohne ein neues Kleid zu kaufen", antwortete Frau Terry bestimmt. „Du weißt genau, wie gern sie dich ausführen, wenn du bei ihnen bist. Dabei kannst du doch wenigstens ein neues Kleid tragen."

„Aber ich habe doch schon einige schöne Kleider, die ich anziehen könnte."

„Ja, aber die sind nicht neu. Hören wir auf, darüber zu debattieren. Am Samstag gehen wir einkaufen." Da Lisa nichts sagte, fügte ihre Mutter hinzu: „Du möchtest doch richtig angezogen sein, nicht wahr?"

„Was meinst du mit ‚richtig'?", fragte Lisa. Aber im selben Augenblick wunderte sie sich: „Warum muss ich sie eigentlich jedes Mal herausfordern, wenn sie etwas sagt? Ich verstehe nicht, warum ich das mache."

„Ich wünschte, Lisa wäre nicht so gereizt", dachte Frau Terry und versuchte ruhig zu antworten. „Sieh mal, mein Schatz, ich meine, das Richtige für dich wäre ein Kleid, das jedes Mädchen gerne tragen würde, wenn es seine Lieblingsverwandten besucht."

„Ich hasse Kleider", erwiderte Lisa mit finsterer Miene. „Außerdem bin ich nicht wie jedes Mädchen."

„Das wollte ich damit nicht sagen", lenkte ihre Mutter rasch ein. „Ich meinte nur, *richtig* wäre das, was alle Mädchen gern hätten."

„Das ist auch nicht besser", antwortete Lisa barsch. „Nicht alle Mädchen haben dieselbe Größe. Ich brauche etwas, das *mir* passt, nicht etwas, das für jedes Mädchen gut ist. Ich bin nicht wie alle anderen. Ich bin nicht wie irgendjemand anderer. Ich bin ich – kannst du das nicht verstehen?"

„Menschen gibt es nun einmal in verschiedenen Größen, und Kleider auch", erwiderte ihre Mutter.

Lisa musste lachen. Weder sie noch ihre Mutter hatten noch große Lust, darüber länger zu diskutieren, daher war die Debatte beendet. Lisa vermutete, dass ihre Mutter ihrer Figur oder ihrer Intelligenz deshalb immer so viel Beachtung schenkte, um von ihrem Gesicht abzulenken. Und je mehr sich Frau Terry um ihr Äußeres sorgte, desto öfter erschien Lisa in ihren ältesten Sweatshirts und Jeans.

Der Einkaufsbummel fand schon am Samstag darauf statt, und es brach auch der Konflikt aus, den beide vorausgesehen hatten.

„Da, probiere dieses einmal", ordnete Frau Terry an. Das Kleid schien der große Verkaufsschlager des Geschäfts zu sein. Es hingen etwa fünfzehn davon auf dem Ständer, in verschiedenen Größen, aber alle gleich in Farbe, Muster und Schnitt.

Gehorsam probierte Lisa das Kleid an, aber sie konnte sich einfach nicht damit anfreunden. Ihre Mutter drängte sie, es zu nehmen, aber Lisa bestand darauf, sich noch ein wenig umzusehen. Schließlich entdeckte sie ein Kleid bei den Sonderangeboten.

„Das gefällt mir!"

„Es ist schon zweimal verbilligt worden."

„Na und? Mir gefällt es trotzdem."

„Wir sollten warten, bis sie den Preis noch einmal heruntersetzen. Sie müssten uns eigentlich noch etwas dafür bezahlen, damit wir es nehmen."

„Ach Mama, ich habe noch nie so ein Kleid gesehen! Das ist perfekt für mich!"

Es kam zu einem heftigen Wortwechsel, und beide sagten Dinge, die sie gleich wieder bereuten. Schließlich kaufte Frau Terry enttäuscht beide Kleider. Zu Hause angekommen, hängte Lisa das teure Kleid sofort in den Schrank, ohne es noch einmal anzusehen. Das andere zog sie an und betrachtete sich damit von allen Seiten im Spiegel. „Das ist genau das Richtige!", sagte sie ganz hingerissen. „Es ist vielleicht nicht für jeden das Richtige, aber für mich könnte es gar nicht besser sein." Dann bewunderte sie sich noch eine Weile im Spiegel und schloss: „Lisa."

Episode Vierzehn – Das Fußballmatch

Michi, Sigi und Willi spielten jeden Tag nach der Schule Fußball. Manchmal, wenn andere dazukamen, bildeten sie sogar zwei Teams, dann konnte ein richtiges Match stattfinden.

Heute war so ein Tag. Michi und Willi spielten zusammen und Sigi und Harry spielten im anderen Team. Einige Buben überlegten gerade, bei welchem Team sie spielen sollten, als Mira und Lisa vorbeikamen und mitspielen wollten. Die Mädchen erwarteten eine Auseinandersetzung und sie waren überrascht, dass die Jungen keine Einwände hatten. Man schien sich wortlos einig zu sein: Sigi sollte der Kapitän des einen Teams sein, und Michi und Willi als Co-Kapitäne fungieren.

Es war bekannt, dass Mira mindestens so gut Fußball spielte wie die meisten Jungen. Sie war eine besonders gute Stürmerin. Sie wunderte sich aber, dass man sie als Verteidigerin einsetzte; auch Lisa konnte das nicht verstehen. Beide Mädchen wurden als Verteidigerinnen aufgestellt, aber keine von beiden beklagte sich darüber.

Es wurde gut gespielt. Das Spiel war aufregend. Es gab zwei Fouls, und Lisa hatte einen Freistoß. Plötzlich stand Michi vor Lisa und wollte den Schuss abgeben. Lisa war so überrascht, dass sie kein Wort herausbrachte.

„Warte!", rief Mira vom anderen Feld herüber. „Das ist nicht fair. Du hast kein Recht, für sie zu schießen, nur weil sie ein Mädchen ist. Du würdest das bei einem Jungen auch nicht machen!"

Michi sagte nichts. Er stand nur hinter dem Ball, bereit ihn abzuschießen.

Dann protestierte auch Sigi: „Michi, das kannst du nicht tun. Es ist gegen die Spielregeln. Du kannst nicht einfach für Lisa den Freistoß übernehmen!"

Toni, der ebenfalls in Sigis Team spielte, schrie als nächster: „Das stimmt, Michi, Regeln sind Regeln."

„Erstens", sagte Michi, „kann Lisa nicht schießen, und zweitens ist es meine Mannschaft."

„Was meinst du mit ‚deine Mannschaft'?", fragte Mira.

„Weil es unser Ball ist, mit dem ihr spielt und unser Spiel – und wir euch einfach nur mitspielen lassen."

Harry stand etwas abseits und sagte nichts. Schließlich ging er zu Lisa: „Warum lässt du Michi vorerst nicht einfach schießen? Wenn Mira weiter darauf besteht, dass du schießt, geht das Spiel überhaupt nicht mehr weiter."

Mira hörte seinen Vorschlag auch und ging wütend auf Harry los: „Du weißt genau, warum ich das mache! Du weißt sehr gut, dass es nicht fair ist, sie nicht schießen zu lassen. Ihr Jungen wollt immer schießen, egal wie schlecht ihr trefft. Und warum mischst du dich überhaupt ein?"

Harry wurde sehr verlegen. Er drehte sich zu Michi und begann: „Es ist vielleicht wirklich nicht fair, Michi …"

Aber Michi hatte den Ball bereits aufgehoben und ging vom Feld. Willi folgte ihm. Nach ein paar Augenblicken zuckte Sigi mit den Achseln und ging ebenfalls. Mira sah den Jungen verächtlich nach. „Sie wissen einfach nicht, was es bedeutet fair zu sein", sagte sie schließlich.

„Es hat keinen Sinn, ein Spiel zu spielen, wenn man die Regeln nicht einhält", bemerkte Toni.

Harry wäre mit den anderen weggegangen, aber Markus kam herüber und wollte wissen, was passiert war. Mira erzählte es ihm, sie war noch immer empört. Nachdem sie geendet hatte, wandte sie sich an Harry und meinte ironisch: „Danke, du warst eine große Hilfe!"

Harry errötete bis unter die Haarwurzeln. Dann pflichtete Markus der Kritik Miras bei: „Du hast gesehen, dass es nicht fair war. Warum hast du nichts getan?"

„Weil ich nicht sicher war, was für mich das Richtige ist", sagte Harry.

„Das ist ja rührend", meinte Mira sarkastisch. „Wenn du zugibst, dass das, was sie getan haben, nicht fair war, dann kann es für dich auf gar keinen Fall richtig gewesen sein, nichts dagegen zu unternehmen."

„Das ist wahr", stimmte Markus zu. „Was fair ist, ist richtig, und was richtig ist, ist fair."

Noch heftig weiter diskutierend, gingen Mira und Markus zusammen weg.

Lisa schaute zu Harry, dem in diesem Moment bewusst wurde, dass sie die ganze Zeit über nichts gesagt hatte. „Wenn die beiden schon wütend werden mussten", bemerkte Lisa, „dann verstehe ich nicht, warum sie auf dich losgegangen sind und nicht auf Michi."

„Ja", überlegte Harry, „warum auf mich?" Dann wandte er sich zu ihr. „Wie kommt es, dass du überhaupt nichts dazu gesagt hast?"

Lisa zuckte mit den Achseln. „Ich weiß nicht, warum ich nichts gesagt habe. Ich habe eben einfach nichts gesagt." Dann fügte sie leise hinzu: „Wenn ich Mira gewesen wäre, hätte ich sicher auch protestiert. Vielleicht konnte ich es nicht, weil *es mir* passiert ist, weil es um *mich* ging."

Harry nickte. „Ja, ich weiß, was du meinst. Aber ich hätte an deiner Stelle protestieren können – und trotzdem stand ich nur da und machte meinen Mund nicht auf."

Lisa antwortete schnell, dass sie ihn nicht beschuldigen wollte, sie im Stich gelassen zu haben. „So habe ich das nicht gemeint. Nein, es ist etwas anderes, was mich verwirrt ..." Lisa erzählte ihm von dem Vorfall mit ihrer Mutter, als sie gemeinsam einkaufen gegangen waren. „Meine Mutter denkt, dass etwas, was für jeden richtig ist, auch für mich richtig sein muss, und ich denke, dass es jedem anderen egal sein kann, was ich anziehe, aber für mich ist es nicht egal. Unabhängig davon, was andere Leute anziehen, glaube ich, dass für mich das Kleidungsstück richtig ist, von dem ich denke, dass es mir steht."

„Aber du sprichst von Kleidern!", protestierte Harry. „Du kannst doch nicht die Frage, ob ein Kleid richtig passt oder nicht, mit der Frage vergleichen, ob das, was ich getan habe, richtig oder falsch war."

„Warum nicht?", wollte Lisa wissen.

„Weil ...", begann Harry. Lisa sah ihn zweifelnd an, und er setzte fort: „Wenn ein Kleid dir gut steht, kannst du natürlich sagen, dass es dir richtig passt. Aber das richtige *Aussehen* ist nicht dasselbe, wie wenn du sagst, dass eine Person richtig oder falsch *gehandelt* hat."

„Gut", sagte Lisa. „Wie ist es mit dem, was Markus meinte, als er wegging? Was fair ist, ist richtig, und was richtig ist, ist fair. Bist du seiner Meinung?"

„Ich weiß es nicht. Heute passt einfach gar nichts zusammen."

„Vielleicht wird nie alles zusammenpassen."

„Was meinst du damit?"

„Nun", Lisa bemühte sich, ihre Gedanken zu ordnen, „könnte es nicht sein, dass das, was fair ist, für jemand anderen nicht richtig ist, und was für jemanden richtig ist, für andere nicht fair ist?"

„Du meinst, dass fair nicht immer richtig, und was richtig ist, nicht immer fair sein *muss*? Also das ist wirklich schwer zu glauben."

Lisa hielt an ihrer Idee fest. „Ich glaube: Was fair ist, ist für jeden korrekt, egal wer es ist. Jeder sollte den Anderen gegenüber fair sein. Wenn wir, zum Beispiel, in eine Schule gehen würden, in der jede Schülerin und jeder Schüler eine bestimmte Uniform trägt, wie blaue Kleider oder blaue Hosen, dann wäre es unfair, mir zu erlauben, anzuziehen, was mir gefällt. Aber so ist es eben nicht. Man erwartet von uns, dass wir für uns selber denken und nicht für jemand anderen entscheiden, was er oder sie isst, was er oder sie anzieht und wie er oder sie wohnen soll. Also ist es nur fair, wenn ich mir meine Kleider selbst aussuche. So sollte es für jeden sein."

„Gut, das meinst du also mit *fair*. Aber was ist dann *richtig*?"

„*Fair* ist, was für jeden zu tun korrekt ist. *Richtig* ist, was für jeden einzelnen von uns korrekt ist. Es ist nur fair, wenn andere Menschen mich entscheiden lassen, welche Kleider ich trage und ich ihnen umgekehrt diese Freiheit auch lasse. Aber wie meine Entscheidung darüber ausfällt, was ich trage, ist meine persönliche Angelegenheit, und ich entscheide mich für das, was ich für *mich* für richtig halte."

„Das habe ich verstanden. Wenn du überlegst, was fair ist, dann betrifft es andere. Und wenn du überlegst, was richtig ist, betrifft es dich selbst.

Lisa lachte. „Stell dir vor, es betrifft sowohl dich als auch die anderen. Was würdest du tun?"

„Das war eben vorhin mein Problem!", rief Harry aus. „Ich glaubte nicht, dass das, was Michi tat, fair war, aber ich dachte, dass es für mich nicht richtig sei, mich einzumischen. Daher wusste ich nicht, was ich tun sollte. Aber jetzt tut es mir leid, dass ich nichts gesagt habe. Was wäre schon passiert, wenn Michi daraufhin weggegangen wäre? Er hat es ohnehin getan. Ich denke, es war falsch von mir, nichts zu sagen."

„Na, ja", sagte Lisa, die den Riemen ihrer Segeltuchtasche enger stellte. „Ich glaube noch immer, dass es möglich ist, dass das, was fair, und das, was richtig ist, nicht ein und dasselbe ist. Was für mich richtig ist, kann für dich falsch sein. Aber was fair ist, ist für jeden fair."

Harry dachte nochmals darüber nach. „Aber Lisa, siehst du nicht, dass das Wort „richtig" mehr als nur eine Bedeutung haben kann? Es kann bedeuten, was für jeden richtig ist und wo wir alle gleich handeln sollten, oder was für jeden persönlich richtig ist, weil jeder von uns anders ist."

„Sicher", bestätigte Lisa. „Ich verstehe, was du meinst. Das Wort „richtig" hat viele verschiedene Bedeutungen. Aber wenn *ich* es verwende, möchte ich, dass es das bedeutet: Was *für mich* richtig ist, hängt davon ab, welches Leben *ich* führen möchte und nicht, wie du oder irgendein anderer lebt."

Harry zuckte mit den Schultern. „Wenn du dem Wort diese Bedeutung geben willst", antwortete er, „dann steht dir das natürlich frei."

„Nein", unterbrach ihn Lisa, „das ist mein gutes Recht."

*   *   *

Es war schon spät am Nachmittag und Harry wusste, dass er nach Hause gehen sollte. Aber als er an dem Hochhaus vorbeikam, in dem Hassan wohnte, kam Hassan gerade auf seinem Fahrrad vorbei. Die beiden beschlossen, noch schnell gemeinsam ein Glas Milch zu trinken.

In der Küche der Familie Geylani trafen sie Ali, Hassans älteren Bruder, der gerade eine Flasche Mineralwasser öffnete. Die drei setzten sich also zusammen an den Küchentisch, auf dem ein leuchtend gelbes Tischtuch lag, und nippten schweigend an ihren Getränken.

Nach einer Weile erzählte Harry, was beim Fußballmatch passiert war. Besonders wichtig war ihm, den beiden von seinem Gespräch mit Lisa zu berichten.

Ali starrte in sein Glas, dann sagte er: „Es gibt eine Menge Gesetze und Regeln, die uns sagen, was wir tun sollen. Aber Gesetze und Regeln lassen sich nur anwenden, wenn es um die Gerechtigkeit geht. Es gibt keine Gesetze, die uns sagen können, was richtig ist."

Hassans Blick wanderte von Ali zu Harry und dann wieder zu Ali. Dann schüttelte er den Kopf. „Ihr seid ja verrückt. Wie kann jemand sagen, was richtig ist, wenn er oder sie die Regeln nicht kennt? Denkt an einen Schiedsrichter bei einem Spiel. Könnte er ein guter Schiedsrichter sein, wenn er die Regeln nicht kennt? Mit einem guten Menschen ist es dasselbe – das ist ein Mensch, der die Regeln kennt und sich daran hält. Wenn ich bei dem Match dabei gewesen wäre, hätte ich dasselbe wie Toni gesagt: Man muss die Regeln kennen und sich daran halten."

„Schau, Hassan", sagte Ali sanft, „du erinnerst dich doch an die Familie Hammer von nebenan, die vorigen Monat bei einem Autounfall ums Leben kam?" Er wandte sich an Harry. „Die ganze Familie – Vater, Mutter, drei kleine Kinder – nur weil so ein Idiot sich betrunken hinters Steuer gesetzt hat und auf der falschen Straßenseite dahergekommen ist. Herr Hammer ist ausgewichen und gegen einen Baum gekracht, und dieser Besoffene hat nicht einmal einen Kratzer abbekommen."

Ali fuhr fort: „Es *gibt* Gesetze gegen Trunkenheit am Steuer und gegen das Fahren auf der falschen Straßenseite. Das sind Gesetze, die Unschuldige wie die Familie Hammer schützen sollen. Ich will damit nicht sagen, dass alle Gesetze gute Gesetze sind. Ich meine nur, dass es einfach nicht gerecht ist, dass solche Wahnsinnigen, wie dieser betrunkene Autofahrer, das Leben anderer in Gefahr bringen. Dafür haben wir ja die Gesetze. Sie sollen die Menschen dazu zwingen, fair zueinander zu sein."

„Aber bedeutet das", fragte Harry, „dass es gegen alles, was unfair ist, ein Gesetz gibt?"

Ali nahm einen Schluck Mineralwasser. „Das habe ich nicht gesagt. Wo ich arbeite, sind zum Beispiel noch etwa zehn Leute, die denselben Job haben wie ich, und ich arbeite so gut wie jeder von denen. Aber irgendwie sind es immer die anderen, die befördert werden. *Das* ist unfair, aber soviel ich weiß, verstößt mein Chef nicht gegen irgendein Gesetz."

„Ich wette doch", sagte Harry. „Ich wette, wenn du dir einen Anwalt nimmst, würde der beweisen, dass dein Chef gegen irgendein Gesetz verstößt."

Hassan hatte auf den Boden gestarrt, als ob er sich für Ali schämen würde. Aber jetzt sah er Harry fest in die Augen. „Das kann ich dir schon erklären. Ali weiß, wie klein seine Chancen wären, wenn er es auf diese Weise versuchte. Mama sagt auch immer man soll sich nicht zu viel vornehmen."

Ali trank schweigend sein Glas aus. Nach einer Weile meinte er: „Jetzt hört einmal zu. *Ich* entscheide, was für mich richtig ist, und ich hoffe, dass Hassan auch genügend Grips hat zu entscheiden, was für ihn richtig ist. Mir kann keiner vorschreiben, mit welchen Mädchen ich ausgehen oder welchen Job ich wählen soll, welches Motorrad ich kaufen oder welche Zeitschriften ich lesen soll, denn diese Dinge haben nichts mit Gerechtigkeit zu tun. Und wenn ich mit einem Mädchen ausgehe, dann ist es allein unsere Sache, wo wir hingehen und was wir tun."

Jetzt war es Harry, der sich sichtlich unwohl fühlte. Er ärgerte sich über sich selbst, denn Ali redete mit ihnen, als ob sie genauso alt wären wie er, und Harry wusste nicht, was er antworten sollte.

„Mama würde es nicht gefallen, wenn du so redest", brummte Hassan. „Sie meint, dass ich auf sie hören soll, wenn es darum geht, wie ich mein Leben gestalte. Und sie hat wahrscheinlich Recht." Hassan schenkte sich noch Milch nach, er schwenkte den Milchkarton in der Luft und sah Harry fragend an, der aber schüttelte den Kopf.

Dann fuhr Hassan fort. „Komisch, dass du gerade jetzt mit all dem kommst. Es passt genau zu einer Sache, die ich vorige Woche erlebt habe. Ali, du kennst doch Frank, der mit mir Prospekte verteilt?" Ali nickte. „Weißt du, was Frank mir erzählt hat? Der Kerl, der die Verteilung leitet, hat einen Raum in einem Lagerhaus gemietet, in dem er nagelneue, noch verpackte Fernsehgeräte aufbewahrt. Und die Hintertür zu diesem Raum ist nur mit einem einfachen Vorhängeschloss abgesperrt, weil er hofft, dass die Fernseher geklaut werden und er die Versicherung dafür kassieren kann. Frank wollte, dass ich mit ihm dort einbreche und wir uns die Fernseher unter den Nagel reißen. Er behauptete, wir würden seinem Boss damit einen Gefallen tun. Ich sagte ihm, dass ich davon überzeugt wäre, dass der Boss diesen Freundschaftsdienst so zu schätzen wisse, dass er uns jeden Tag persönlich im Gefängnis besuchen und uns dafür danken würde. Jedenfalls hat Frank jemand anderen gefunden, und die zwei wurden erwischt."

Ali lächelte Hassan anerkennend an, sagte aber nichts. Harry war aber nicht zufrieden. „Gut, es wäre unfair gewesen, den Kerl zu beklauen. Und es gibt natürlich eine Menge Gesetze für so einen Fall. Aber –", er wandte sich an Ali „heißt das, dass das, was Hassan getan hat, *fair* war, aber man es doch nicht *richtig* nennen könnte?"

„Habe ich das gesagt?", fragte Ali ruhig. „Könnte man nicht sagen, dass das, wofür sich Hassan entschieden hat, sowohl für *jeden* in dieser Situation fair war als auch für *ihn* in dieser Situation das Richtige?"

„Fair – weil er mit den anderen leben muss, und richtig – weil er mit sich selbst leben muss?", fragte Harry.

Ali lächelte. „Ich würde sagen, das ist ziemlich fair ausgedrückt."

Plötzlich sah Harry hinauf zur Küchenuhr, schlug sich auf die Stirn und raste nach Hause.

EPISODE FÜNFZEHN – *Mildred geht mit ihrem Großvater zu den Pavianen*

Mildreds Eltern dachten, dass sie Pablo bald vergessen würde, aber da hatten sie sich geirrt. Es fiel ihr im Unterricht oft schwer, aufzupassen; ihr Kopf war voller Erinnerungen an das kleine, wuschelige Tier, das sie so geliebt hatte.

Am schlimmsten aber waren die Nächte. Es ging nicht nur um die schlechten Träume, obwohl die schlimm genug waren. Wirklich furchtbar war es, in dem stillen Haus wach zu liegen und das absolut sichere Gefühl zu haben, dass jemand bewegungslos im Zimmer stand. Mildred schaute dann immer wieder zur Tür und war ganz sicher, dort die Umrisse einer Person zu sehen – manchmal die eines Mannes, manchmal die einer Frau. Meistens schlief sie dann irgendwann doch ein, und am nächsten Morgen stellte sie fest, dass sie wahrscheinlich einige ihrer Kleidungsstücke, die an den Haken auf der Innenseite der Tür hingen, in der Dunkelheit an einen Menschen erinnert hatten. Aber trotzdem war sie davon überzeugt, dass das, was sie gesehen hatte, wirklich eine Person gewesen war. Ihr Leben bestand abwechselnd aus Tagträumen über Pablo und wilden, angsteinflößenden Vorstellungen in den Nächten.

Eines Tages teilte Mildreds Vater ihr mit, dass sein Vater bei ihnen einziehen würde. Da sie kein Gästezimmer hatten, musste Mildred ihrem Großvater ihr Zimmer zur Verfügung stellen und auf dem Sofa im Wohnzimmer schlafen.

Mildred kannte ihre Großeltern kaum. Sie wohnten so weit weg, dass es nie möglich gewesen war, sie zu besuchen. Und es war schon lange her, dass die Großeltern bei ihnen gewesen waren. Da kam also ihr Großvater, sagte „Hallo" und küsste Mildred sanft auf die Wange. Sie zeigten ihm Mildreds Zimmer, wo er seine Koffer auspackte und sich erst einmal für eine Weile ausruhte.

Mildred überlegte sich, wie sie ihn nennen sollte. „Opa", „Opi", alles kam ihr unpassend vor. Sie wollte ihre Mutter fragen, wie sie zu ihm sagen sollte, aber die wirkte immer zu beschäftigt und zu nervös, daher wollte Mildred sie damit nicht belästigen. Als der Großvater schließlich wieder aus dem Zimmer kam, das einmal ihres gewesen war, platzte Mildred plötzlich heraus: „Ich weiß nicht, wie ich zu dir sagen soll."

Er lächelte. „Mir hat man schon viele Namen gegeben, das ist nicht so wichtig. Wie würdest *du* mich denn gern nennen?"

Mildred starrte ihn nur an und sagte nichts. Sie wusste, dass das nicht höflich war und schämte sich fürchterlich, aber sie war vollkommen sprachlos.

„Wie wär´s mit ‚Großvater'?", schlug er vor.

Daran hatte Mildred gar nicht gedacht, aber es gefiel ihr. Sie dachte an die vielen Generationen ihrer Vorfahren. Der Vater ihres Vaters war ein *Groß*vater, und sein Vater war ein *Urgroß*vater: Immer weiter und weiter zog sich diese Generationenkette hin, die aus Personen bestand, die alle großartig waren! Und hier war ihr eigener Großvater, der sie liebevoll ansah und ihr deutete, sich zu ihm zu setzen und sich mit ihm zu unterhalten, bis das Essen fertig war.

Natürlich erzählte sie ihm von Pablo. Er wollte alles über das arme Meerschweinchen wissen – welche Farbe seine Augen und sein Fell gehabt hatten, ob es beim Schlafen geschnarcht hatte (Mildred musste bei dieser Vorstellung herzlich lachen). Sie stellten zusammen Vermutungen an, wie wohl sein Leben in Peru gewesen sein mag, bevor er zu Mildred kam.

Sie sprachen lange über Pablo. Dann unterhielten sie sich über die Schule, die Nachbarn und Mildreds Freundinnen und Freunde. Ihr Großvater hatte so viele Fragen! Mildred antwortete ihm ganz ausführlich, während er an seiner kalten Pfeife paffte, sie in seiner Handfläche ausklopfte, reinigte und eigentlich alles damit anstellte, außer sie zu rauchen.

Mildred gewöhnte sich rasch daran, auf dem Sofa zu schlafen. Es wäre wahrscheinlich unangenehmer gewesen, wenn ihre Eltern abends zu Hause geblieben wären. Aber Herr und Frau Wagner gingen fast jede Nacht aus, manchmal gemeinsam, manchmal getrennt. So konnte Mildred zu Bett gehen, wann immer sie wollte, genauso wie vor der Ankunft ihres Großvaters. Was ihn betraf – er zog sich immer schon am frühen Abend zurück.

Je länger ihr Großvater bei ihnen blieb (Mildred fragte ihn nie, wie lange er noch bleiben wollte), desto mehr Themen fanden sie, über die sie gemeinsam reden konnten. Wenn sie über die Schule sprachen, bemerkte Mildred, dass er eine Menge wusste und ihr sogar bei den Aufgaben helfen konnte. Er kannte aber auch eine ganze Menge Spiele. Mildred hätte sich niemals träumen lassen, dass es so viele Spiele gab. Er zeigte ihr alle möglichen Kartenspiele, baute Kartenhäuser und führte ihr wundervolle Kartentricks vor. Und immer, wenn sie irgendwelche Kleider anzog, die er noch nicht gesehen hatte, zögerte sie keinen Moment, ihm das zu sagen, und er diskutierte ernsthaft mit ihr darüber, wie ihr ihre „Klamotten", wie sie sie bezeichnete, standen.

Aber ihr gemeinsames Lieblingsthema waren Tiere. Mildred fand sehr schnell heraus, warum ihr Großvater so viel über Tiere wusste: Er hatte die meiste Zeit seines Lebens als Wildhüter gearbeitet. Er hatte sogar mehrere Jahre in Alaska gelebt, und Mildred konnte ihm stundenlang zuhören, wenn er über seine Abenteuer mit Bären, Adlern und anderen Wildtieren erzählte.

Eines Tages fragte er Mildred, ob sie Lust hätte, mit ihm in den Zoo zu gehen. Sie war schon mehrere Male im Zoo gewesen, aber sie wusste sofort, dass ein Ausflug zum Zoo mit ihrem Großvater sich wesentlich von den anderen Besuchen unterscheiden würde.

„Kann ich eine Freundin mitnehmen?", fragte sie.

„Natürlich", antwortete ihr Großvater schnell.

Mildred hatte nicht so viele Freundinnen zur Auswahl. Nach kurzem Nachdenken beschloss sie, Lisa zu fragen. Lisa war sofort einverstanden, da sie Tiere ebenso gern hatte wie Mildred.

Es war ein gelungener Ausflug. Die Vögel waren wunderschön, die Delfine spielten ausgelassen in ihrem Becken, und die großen Raubkatzen bewegten sich unglaublich graziös. Im Affenhaus roch es zwar wirklich scheußlich, aber die Affen selbst waren wundervoll. Lisa und Mildred waren von den Gibbons so fasziniert, dass sie lange Zeit gar nicht auf die Idee kamen weiterzugehen. Die Affen schwangen sich von Trapez zu Trapez und schienen förmlich in der Luft zu tanzen. Mildreds Großvater wurde auch nicht ungeduldig. Ihm schien es genauso großes Vergnügen zu bereiten, vor dem Käfig zu stehen und den Affen zuzusehen. Schließlich gingen sie nach draußen zum Affenfelsen mit seinen Höhlen und Grotten und dem Graben rundherum, wo sie ein ganzes Volk von Pavianen entdeckten. Hier und dort hatten sich einzelne Familien in kleinen Gruppen zusammengefunden, während jüngere Paviane sich gegenseitig nachjagten. Dabei kreischten sie laut, ohne ersichtlichen Grund, dann blieben sie wieder ganz plötzlich stehen – auch das scheinbar grundlos.

„Sich trennen gehört ebenso zum Leben wie sich finden", bemerkte Mildreds Großvater, nachdem er zwei Paviane beobachtet hatte, die einander umarmten und dann jeweils in die entgegengesetzte Richtung davon marschierten. Die beiden Mädchen waren nicht sicher, was er meinte, daher sagten sie nichts dazu. Aber irgendwie ging Mildred diese Bemerkung nicht aus dem Sinn. Seit ihr Großvater angekommen war, hatte sie eine Frage sehr beschäftigt, aber sie hatte es nie über sich gebracht, ihm diese Frage auch zu stellen. Jetzt, nach dem Ausflug, als sie allein im Wohnzimmer saßen, konfrontierte Mildred ihren Großvater mit der Frage. „Großvater", fragte sie eine Spur zu laut und nicht ganz so beiläufig, wie sie beabsichtigt hatte, „wo – wo ist eigentlich Großmutter?" Als ihr Großvater nicht sofort antwortete, konnte Mildred nicht anders als vorzupreschen: „Ist sie gestorben?"

Mildreds Großvater blickte sie entsetzt an. „Ich dachte, du wüsstest es!", rief er. „Ich dachte, deine Eltern haben dir davon erzählt!"

„Was erzählt?"

„Dass deine Großmutter und ich geschieden sind."

Eine Scheidung? Darauf wäre Mildred nie gekommen. Aber jetzt glaubte sie, ein Recht auf eine Erklärung zu haben.

„Nun", begann ihr Großvater und klopfte seine Pfeife energischer als sonst in seiner Handfläche aus, „wir haben nie viel Zeit miteinander verbracht. Ich war immer irgendwo in den Wäldern oder in den Bergen unterwegs, also lebte jeder von uns mehr oder weniger sein eigenes Leben. Wir waren beide der Meinung, dass eine Scheidung das Vernünftigste wäre; und Tatsache ist, dass wir nach wie vor gute Freunde sind."

„Aber wo ist sie jetzt? Was macht sie?"

Ihr Großvater grinste. „Es geht ihr ganz gut, glaube ich. Sie hat wieder geheiratet."

„Ist sie nicht zu alt, um noch einmal zu heiraten?"

„Was, wie kommst du denn darauf? Sie ist doch erst Mitte fünfzig, genau wie ich!"

„Na, ja", beharrte Mildred, „ist *das* nicht zu alt?"

Ihr Großvater lachte. „Ich sehe schon, du kannst dich nicht an deine Großmutter erinnern. Sie und zu alt? Sie wird nie zu alt sein!" Dann fügte er mit seltsamem Stolz in der Stimme hinzu: „Sie hat sogar einen zehn Jahre jüngeren Mann geheiratet."

Mildreds Gedanken überschlugen sich. Viele Fragen kamen ihr in den Sinn, aber sie konnte sie einfach nicht aussprechen. In der Nacht träumte sie abwechselnd von den Pavianen und von ihrer Großmutter. Ihre Großmutter war auf einem Ball und bestand darauf, keinen Tanz auszulassen. Dann kamen die Paviane herein und begannen auch zu tanzen. Und bald tanzten sie alle – Paviane und Menschen – alle tanzten sie miteinander.

Mildred musste Lisa unbedingt davon erzählen – diese seltsame Begebenheit, dass ihre Großmutter noch einmal geheiratet hatte – und noch dazu einen Mann, der viel jünger war als sie.

„Hmmm", sagte Lisa, „jetzt muss nur noch dein Großvater eine nette vierzigjährige Witwe finden."

Mildred schüttelte den Kopf. Der Gedanke, dass ihr Großvater noch einmal heiraten sollte – es schien ihr ganz einfach unmöglich.

„Was soll er denn deiner Meinung nach tun, den Rest seines Lebens allein verbringen?", fragte Lisa.

Mildred wollte wissen, was denn daran falsch wäre.

„Schau dir deine Großmutter an. Er könnte genauso glücklich verheiratet sein wie sie."

Mildred schauderte. „Wie kannst du nur so etwas sagen? Es war absolut, absolut falsch von ihr, einen Mann zu heiraten, der um so vieles jünger ist als sie."

Lisa spitzte ein wenig die Lippen. „Ist es falsch, wenn ein Mann eine Frau heiratet, die jünger als er ist?"

„Natürlich nicht!"

„Warum ist es dann falsch, wenn eine Frau einen jüngeren Mann heiratet?"

„Weil es einfach falsch ist, deshalb", erwiderte Mildred.

Lisa schüttelte den Kopf. „Ich versteh' dich nicht. Wenn es bei einem Mann in Ordnung ist, warum sollte es dann nicht umgekehrt auch möglich sein? Das verstehe ich wirklich nicht."

Die Mädchen diskutierten weiter über dieses Thema, wobei Lisa darauf bestand, dass es nur fair sei, dass Frauen dasselbe wie Männern zustand. Mildred betonte immer wieder: „Es geht nicht darum, was fair ist, sondern was *natürlich* ist. Und es ist einfach nicht *natürlich*, dass eine Frau älter als ihr Mann ist!"

„Ich finde nicht, dass die Frage, was natürlich ist, irgendetwas damit zu tun hat", meinte Lisa. „Ich sehe das so: Wenn es richtig ist, dass ein Mann die Frau heiraten kann, die er möchte, dann sollte es auch für eine Frau richtig sein, zu heiraten, wen sie möchte. Alter hat damit nichts zu tun!"

Jetzt schüttelte Mildred wieder den Kopf. Aber alles, was sie sagen konnte, war: „Du sprichst immer nur darüber, was ‚richtig' und was ‚fair' ist, Lisa."

„Warum nicht?", gab Lisa ein wenig spitz zur Antwort. „Ich denke oft darüber nach."

An diesem Abend betrachtete Mildred sich eingehend im Badezimmerspiegel. „Ich sehe irgendwie anders aus", sagte sie zu sich selbst. „Warum schaue ich anders aus?" Sie zog ihren Pyjama an und legte sich wieder hin. Aber es vergingen Stunden, bevor sie einschlief.

Auch am nächsten Morgen fühlte sie sich noch anders. „Als ob ich eine neue Seite an mir entdeckt hätte", dachte sie. Und in der folgenden Nacht zog sie nicht wie gewöhnlich ihren Baumwollpyjama an, sondern das hübsche Nachthemd, das sie von Tante Margarete zum Geburtstag bekommen hatte.

KAPITEL 7

EPISODE SECHZEHN – Lisa erinnert sich an längst Vergangenes

Lisa und ihr Vater hatten das Laub zu einem riesigen Haufen zusammengerecht. Nun standen sie an ihren Rechen gelehnt, müde, aber froh die Arbeit beendet zu haben.

„Ich kann mich noch daran erinnern, wie ich meinem Vater hier in diesem Hof geholfen habe das Laub zusammenzurechen, genau wie du jetzt", bemerkte Lisas Vater nach einer Weile. „Jedes Jahr im Herbst, wenn wir die Großeltern auf dem Land besucht haben, hab´ ich mich am frühen Abend mit meinen Cousins getroffen. Wir haben dann ein Lagerfeuer gemacht und darin Äpfel, Kartoffeln und Maiskolben gebraten. Ich glaube, die verbrannte Schale der Kartoffeln hatte ich immer am liebsten, aber auch die gebratenen Maiskolben haben wunderbar geschmeckt!"

Lisa starrte auf den Laubhaufen und versuchte sich vorzustellen, wie in der frischen Abendluft hohe Flammen daraus hervor schlugen und das Feuer schließlich zu einem glühenden Häufchen Asche niederbrannte. Sie spürte förmlich, wie der Rauch in ihren Augen brannte. Sie sah sich einen Maiskolben an einem Stock in die Glut halten und beobachten, wie die Körner knusprig braun wurden.

„Könnten wir nicht auch –?", begann sie zögernd.

„Ich fürchte, nein", antwortete ihr Vater, der schon mit dieser Frage gerechnet hatte. „Es gibt hier ein Gesetz, das das Verbrennen von Laub verbietet. Die Luft wird dadurch zu sehr verschmutzt."

„Wenn du und deine Cousins nicht all die Äpfel in jenen Lagerfeuern gebraten hättet, wäre die Luftverschmutzung heute vielleicht nicht so schlimm", bemerkte Lisa schelmisch.

„Das würde mich nicht wundern", stimmte ihr Vater gut gelaunt zu.

„Ach, ich wünschte, wir könnten trotzdem ein Lagerfeuer machen", seufzte Lisa. „Es gibt nichts Schöneres als ein Feuer zu beobachten. Ich könnte stundenlang vor dem Kamin sitzen und in die Flammen schauen, obwohl wir ja nicht einmal mehr ein kleines Feuer im Kamin anzünden. Ich glaube, du hast es besser gehabt, als du so alt warst wie ich."

„Ja, vielleicht", ihr Vater nickte. „Komisch, ich denke jetzt viel öfter über die Zeit nach in der ich in deinem Alter war, als über Dinge, die erst vor ein paar Jahren passiert sind." Er sah Lisa an und fragte: „Denkst du oft an Ereignisse, die vor langer Zeit passiert sind?"

Lisa lachte. „Nein, warum sollte ich? Mir würde auch gar nichts einfallen. Ich habe noch nie etwas erlebt, was wirklich wert wäre, sich daran zu erinnern."

„Nun, denkst du viel über die Zukunft nach?", fragte ihr Vater beharrlich weiter.

„Natürlich nicht!" Wieder lachte Lisa. „Das ist doch sinnlos. Warum sollte ich? Worüber sollte ich nachdenken? Keine Ahnung." Dann verdüsterte sich ihr Gesicht, und sie sagte: „Na ja, so ganz stimmt das auch wieder nicht. Manchmal denke ich an längst vergangene Ereignisse und daran, was geschehen könnte – aber nicht sehr oft."

„Machst du dir viele Gedanken darüber, was du einmal tun möchtest, wenn du älter bist?"

„Hauptsächlich denke ich daran, was ich jetzt gerne machen würde, nicht erst in einigen Jahren. Ich möchte zum Beispiel tanzen. Ich möchte richtig gut tanzen können, aber ich weiß eigentlich gar nicht, wie man überhaupt tanzt, und dafür hasse ich mich manchmal, wirklich. In meiner Klasse sind einige wirklich großartige Tänzer und Tänzerinnen, aber ich habe anscheinend zwei linke Füße und hopse nur blöd herum." Beide, Lisa und ihr Vater, lachten bei dieser Vorstellung.

„Aber kannst du dich noch daran erinnern, als du ganz klein warst?"

„Ach Papa, vermutlich könnte ich es, wenn ich wollte, aber wozu? Warum fragst du mich das überhaupt? Ich will mich nicht an diesen ganzen Mist erinnern." Aber einen Augenblick später wich ihre Gereiztheit einer gewissen Fröhlichkeit. „Du meinst, wie mich Frau Sindler in der ersten Klasse nicht auf die Toilette gehen lassen wollte, und Jürgen Bauer, der neben mir saß, aufgezeigt hat, und die Lehrerin, Frau Sindler, gesagt hat: ‚Du darfst auch nicht hinausgehen!' Und er meinte: ‚Ich will ja nicht, ich will nur, dass *sie* geht!' Jetzt kann ich darüber lachen, aber jahrelang hab' ich mich schrecklich geschämt, wenn ich daran dachte!"

„Du wirst sehen, mit der Zeit wirst du dich an die schöneren Dinge erinnern", erwiderte ihr Vater, „so wie ich jetzt."

Lisa zuckte mit den Achseln und blickte wieder auf den Laubhaufen, in der Hoffnung ihn noch einmal als großes Feuer zu sehen. Zu ihrer Überraschung merkte sie, dass sie sich wünschte, Markus würde zufällig vorbeikommen und stehen bleiben, um sich eine Weile mit ihnen zu unterhalten. Später, als sie allein in ihrem Zimmer war und an die Decke starrte, wo sie ein riesiges Poster von einem Schwein angebracht hatte, das nun stumm auf sie herunterblickte, wunderte sie sich noch immer, warum ihr der Gedanke an Markus plötzlich in den Sinn gekommen war.

Am Abend sagte Lisa dann zu ihrem Vater: „Ich habe über das Gesetz zur Laubverbrennung noch einmal nachgedacht."

„Oh?", erwiderte ihr Vater und legte das Buch weg. „Glaubst du, dass es ein schlechtes Gesetz ist?"

„Nein, überhaupt nicht. Du hast gesagt, dass das Verbrennen von Laub die Luft zu sehr verschmutzt, und das ist für mich ein guter Grund."

„Wo liegt dann dein Problem?"

„Sollten wir nun kein Feuer machen wegen der Konsequenzen – oder wegen des Gesetzes?"

Lisas Vater runzelte die Stirn. „Könntest du mir das bitte ein bisschen näher erklären?"

„Na gut, sagen wir, es gäbe kein Gesetz gegen das Verbrennen von Laub. Wenn man aber dennoch auf das Wohl aller Rücksicht nehmen wollte und nicht nur auf sein eigenes, würde man kein Laub verbrennen, da die Konsequenzen für alle schädlich wären."

„Gut."

„Aber es könnte doch sein, dass irgendjemand nur deshalb kein Feuer macht, weil es gesetzlich verboten ist, oder?"

„Ungeachtet der Konsequenzen? Ja, ich glaube, das gibt´s."

„Meine Frage ist also, wie man entscheidet, ob man etwas tut oder nicht – danach, welche Konsequenzen sich daraus ergeben oder danach, ob es eine Regel dagegen gibt oder nicht?"

Herr Terry starrte auf den Umschlag seines Buches und dachte gleichzeitig über Lisas Frage nach. Dann antwortete er: „Muss es entweder – oder sein?"

„Ich versteh´ nicht", erwiderte Lisa und sah ihren Vater unzufrieden an.

„Ich meine, ist es nicht möglich, dass wir auch Gesetze und Regeln nach ihren Konsequenzen beurteilen? Würdest du nicht auch sagen, dass die Konsequenzen dessen, dass es ein Gesetz gegen das Verbrennen von Laub *gibt*, für alle besser sind, als die Konsequenzen, wenn es *kein* solches Gesetz gäbe?"

„Aber Papa", protestierte Lisa, „immer stellst du mir so unmögliche Fragen!"

„So?", antwortete er sanft. „Und wer hat damit angefangen?"

Episode Siebzehn – *Lisas Vater wird arbeitslos*

Suki und Lisa waren von Annas neuer Staffelei sehr beeindruckt. Das heißt, eigentlich war Lisa von allem in Annas Haus beeindruckt, und besonders von Annas Zimmer. Suki war schon öfter bei Anna zu Besuch gewesen, für sie war das nichts Neues. Die Mädchen sahen einen Stapel von Annas Bleistiftzeichnungen und Aquarellen durch. „Oh, Anna", rief Lisa, „die sind ja alle wunderschön!"

Anna lächelte glücklich. „Du weißt gar nicht, wie gut es tut, das zu hören. Mein Zeichenlehrer sagt, ich hab´ noch einen furchtbar weiten Weg vor mir."

„Wohin?", alberte Suki.

Anna wurde ein wenig ernster. „Um eine Künstlerin zu werden, denke ich. Das würd´ ich nämlich gerne. Es macht so viel Freude. Ich bin sicher, dass es dir ebenso Freude bereitet, Gedichte zu schreiben, nicht wahr, Suki?"

„Freude, du meine Güte", erwiderte Suki lachend. „Es ist einfach schrecklich. Es ist eine Qual, auch nur ein paar Zeilen zustande zu bringen, die sich richtig anhören."

„Warum tust du es dann?", fragte Lisa.

„Weil es so eine süße Qual ist, deshalb", antwortete Suki, und die drei Mädchen mussten lachen.

Anna nahm ihren Skizzenblock, einen Bleistift und wandte sich an Lisa: „He Lisa, lass mich dich zeichnen."

„Oh nein, bitte nicht", erwiderte Lisa sichtlich erschrocken. Die Vorstellung, gezeichnet zu werden, war ihr furchtbar unangenehm. Sie wusste nicht, was sie sonst sagen sollte und fügte hinzu: „Warum zeichnest du nicht Suki? Sie ist viel hübscher!" Eigentlich hatte Lisa das nicht wirklich sagen wollen; sie wusste, dass ihr das niemals herausgerutscht wäre, wenn sie sich nicht so unbehaglich gefühlt hätte.

„Oh", konterte Suki, „Anna hat mich schon oft gezeichnet. Außerdem hat das mit hübsch oder nicht überhaupt nichts zu tun. Du hast ein Gesicht, das Künstler lieben."

„Das ist richtig", stimmte Anna zu. „Na komm schon Lisa, wie wär´s? Nur dieses eine Mal?"

Die Mädchen redeten so lange auf Lisa ein, bis diese schließlich nachgab und sich auf den hohen Hocker vor dem Fenster setzte, während Anna damit begann, sie zu zeichnen. Dabei blickte Anna abwechselnd finster drein, runzelte die Stirn, brummte, stöhnte und murmelte vor sich hin. Suki stand hinter Anna und sah zu, wie sich die Zeichnung entwickelte. Sie amüsierte sich köstlich über Annas intensive Bemühungen. „Ich versteh´ nicht, weshalb du dich dabei so aufführst", bemerkte Suki schelmisch und fügte dann hinzu, wobei sie Annas Stimme imitierte: „Es macht so viel Freude."

Anna musste lachen, dann ärgerte sie sich wieder über sich selbst, weil sie nicht zufrieden war, wie sie Lisas Nase gezeichnet hatte. „Das ist nicht richtig, überhaupt nicht, es ist falsch, falsch, falsch", brummte sie, während sie die letzten Striche wieder mit einem großen Radiergummi ausradierte.

„Ich weiß genau, wie du dich jetzt fühlst", bemerkte Suki. „Manchmal schreibe ich eine Zeile eines Gedichts, und ich weiß, dass sie schlecht ist, und ich hasse sie – aber muss an ihr festhalten, bis ich eine bessere Zeile habe, um die schlechte zu ersetzen. Aber du hast schon Recht – es muss richtig sein."

In der Zwischenzeit war Anna mit ihrer Zeichnung fertiggeworden. „Komm, Lisa", sagte Suki mit ihrer sanften, melodischen Stimme, „ich begleite dich nach Hause."

Während sie die laubbedeckten Wege entlang gingen, sagte Lisa zu Suki: „Ich wollte nicht gezeichnet werden. Du weißt, was ich meine, nicht wahr?"

Suki nickte, sie sagte zwar nichts, nahm aber Lisas Hand. Die Mädchen gingen schweigend weiter bis sie zu Lisas Haus kamen, wo Lisa schließlich lachte und Suki bat, das Ganze zu vergessen.

Als Lisa die Einfahrt zum Haus hinaufging, fiel ihr der Satz ‚Du hast Recht – es muss richtig sein' wieder ein. „Wie weiß man, wann etwas richtig ist?", fragte sie sich selbst.

Obwohl es schon später am Nachmittag war, hatte sie nicht damit gerechnet, dass ihr Vater vor ihr zu Hause war: Gewöhnlich kam er erst zum Abendessen. Er stand am Wohnzimmerfenster und beobachtete, wie die Blätter in der frischen Novemberluft von den Bäumen heruntersegelten. Er hörte Lisa nicht, die sich auf Zehnspitzen von hinten an ihn heranschlich. Er war überrascht und erfreut, als sie ihr Gesicht gegen seinen Rücken drückte und ihre Arme fest um seinen Bauch schlang.

„Ich kann mich an keinen so schönen Herbst erinnern", sagte ihr Vater, als Lisa ihn wieder losließ und ebenfalls aus dem Fenster sah. „Er ist einfach perfekt!"

„Papa –", begann Lisa zögernd, wie immer, wenn sie ratlos war, „ist es so, dass etwas nicht richtig ist, solange es nicht perfekt ist?"

Ihr Vater lächelte. „Da musst du schon etwas genauer werden, fürchte ich."

Lisa erzählte ihm wie Anna und Suki darüber gesprochen hatten, dass ihre Zeichnungen und Gedichte richtig sein sollten. „Daher glaube ich", schloss sie, „sie haben damit gemeint, dass sie nicht zufrieden sein können, solange das, was sie machen, nicht perfekt ist."

„Ja, das ist nur fair." Lisas Vater wusste genau, dass sich Lisa damit nicht zufriedengeben würde.

„Genau, das ist es: Du sagst es – nur, das meinen wir mit ‚fair' doch überhaupt nicht. Ein Bild oder ein Gedicht müssen perfekt sein, aber es ergibt überhaupt keinen Sinn zu erwarten, dass es fair ist!"

„Na ja, was verstehst du denn unter ‚fair‘, und was meinst du mit ‚perfekt‘?“

„So wie ich es sehe, ist es so“, Lisa versuchte, ihre Worte sorgfältig zu wählen. „Wenn von jedem etwas erwartet wird, dann ist es nur fair, dass es auch von mir erwartet wird. Wenn zum Beispiel von jedem erwartet wird, dass er oder sie die Mathematikaufgabe macht, ist es nur fair, dass ich sie auch machen muss. Aber nur, weil jeder etwas macht, ist das noch lange nicht perfekt – es ist nur fair. Andererseits ist etwas perfekt, wenn alles daran richtig ist. Es ist die Art und Weise, wie alles zusammenpasst: Wenn etwas nicht passt, sagen wir, es ist nicht richtig. So ist das bei Bildern und Gedichten und solchen Dingen.“

„Und ist es auch so bei den Dingen, die du tust?“, fragte ihr Vater mit seiner leisen Stimme. „Sind sie richtig, wenn sie dazu beitragen, dass alles perfekt zusammenpasst?“

Lisa nickte.

Ihr Vater fragte weiter: „Was passiert dann, wenn etwas – soweit es dich betrifft – das Richtige zu sein scheint, und alle anderen halten es für unfair?“

„Ich weiß nicht“, gestand Lisa. „Das ist etwas, was mir Kopfzerbrechen bereitet. Ich denke immer, dass es schon irgendwie klappen wird, aber das funktioniert nie.“

„Manchmal, wenn man die richtigen Zusammenhänge nicht finden kann, muss man sie selbst schaffen“, sagte ihr Vater in Gedanken versunken. Er hatte seiner Tochter die ganze Zeit forschend ins Gesicht gesehen, aber jetzt starrte er wieder nachdenklich zum Fenster hinaus. Die letzten Strahlen der Nachmittagssonne färbten das Laub golden. Sie standen beide am Fenster und blickten hinaus, und Lisas Vater sagte: „Wie schön sie sich doch am Ende verfärben!“

Da kam Lisas Mutter ins Zimmer. Ihr Gesicht sah anders aus als sonst. „Hast du´s ihr gesagt?“, fragte sie ihren Mann.

Lisa wandte sich ihrem Vater zu. „Was gesagt?“, fragte sie.

Ihr Vater lächelte schwach. „Ach, nichts – nichts, außer dass eine Zeitung eingestellt wird."

„Was ist daran so schlimm, wenn eine Zeitung eingestellt wird?", wollte Lisa wissen.

„Das Schlimme daran ist, dass es die Zeitung ist, bei der dein Vater beschäftigt ist", antwortete ihre Mutter

Lisa schüttelte ungläubig den Kopf. „Aber – aber – du kannst woanders arbeiten! Es gibt doch noch andere Zeitungen!"

„Es gibt nur ein paar andere Zeitungen, und um die steht es fast genauso schlecht wie um unsere, deshalb können sie jetzt keine neuen Mitarbeiter einstellen. Sie müssen alle kürzer treten." Ihr Vater legte seinen Arm leicht auf ihre Schulter. „Mach dir keine Sorgen deswegen, Lisa, es wird schon richtig sein. Vielleicht nicht perfekt, aber richtig."

Als der Notarztwagen mitten in der Nacht vorfuhr, war Lisa so durcheinander, dass sie nicht mitbekam, was eigentlich geschehen war. Es kam ihr vor, als sei ihre Mutter sehr weit weg, als sie sie sagen hörte, dass ihr Vater einen Herzinfarkt gehabt hatte. Lisa sank vor ihrem Bett auf die Knie und vergrub ihr Gesicht in der Bettdecke. Sie versuchte den Atem anzuhalten, als ob das verhindern könnte, dass noch etwas Schlimmeres passierte.

Lisa saß noch immer zusammengekauert auf dem Boden, als ihre Mutter zurückkam und sich zu ihr setzte. Lisa brauchte ihr nur ins Gesicht zu sehen, um zu wissen, dass ihr Vater tot war. Während sie sich an ihre Mutter drückte und ihr Gesicht in ihrem warmen Morgenmantel vergrub, erinnerte sie sich daran, wie sie mit ihrem Vater am Nachmittag am Fenster gestanden war. Sie spürte, dass ihre Mutter ihr sanft übers Haar strich, und sie weinte.

KAPITEL 8

Episode Achtzehn – Kann man immer glauben was in einem Buch oder im Internet steht?

„Papa", fragte Harry, „hast du das von Lisas Vater gehört?"

„Mmmmmm", antwortete Herr Stottelmeier, „furchtbar."

„Wie alt war er eigentlich?"

„Oh, er kann nicht sehr alt gewesen sein – vielleicht in meinem Alter."

„Hast du ihn gekannt?"

„Ich hab' ihn ein paar Mal gesehen, glaube ich. Netter Kerl."

„Aber du hast nie mit ihm gesprochen?"

„Nein, nicht wirklich."

Harry beschäftigte sich einige Minuten mit dem Verschluss seiner Schultasche, der nicht ganz in Ordnung war.

„Papa."

„Ja?"

„Weißt du noch, letztes Jahr haben wir über dich und das Rauchen gesprochen?"

„Sicher."

„Ich habe gesagt, ich würde dir nicht mehr damit auf die Nerven gehen, und das werde ich auch nicht. Aber etwas verstehe ich noch immer nicht."

„Und was ist das?"

„Lisa hat neulich etwas gesagt, und seither denke ich darüber nach. Es geht darum: Überall wird behauptet, Rauchen sei schlecht für die Gesundheit. Und doch kommt mir vor, dass trotzdem beinahe jeder raucht."

„Ja, und?"

„Also, wenn man das umdreht, gibt es Dinge, die jeder tut, Dinge, die vollkommen harmlos sind, und von denen allgemein behauptet wird, dass sie wirklich schlecht für uns sind?"

„Ja, das kann ich mir vorstellen."

„Und wie sollen wir dann wissen, was richtig ist und was nicht?"

„Deshalb gehst du doch zur Schule, um das herauszufinden."

„Über solche Dinge sprechen wir nicht in der Schule. Zumindest nicht im Unterricht."

„Dann fragst du also mich?"

„Ja, genau."

Herr Stottelmeier lächelte schwach. „Die Leute sind komisch, Harry. Ich erinnere mich daran, als ich noch ein Kind war, viel jünger als du jetzt bist, ging meine Mutter einmal für ein paar Minuten weg. Ich war in der Küche, und sie sagte zu mir – nur als Scherz, glaube ich: ‚Ich bin gleich wieder da. Sei ein liebes Kind und steck' dir keine Bohnen in die Ohren.' Ich wäre nie im Leben von selbst auf die Idee gekommen, mir Bohnen in die Ohren zu stecken. Aber weißt du, was ich getan habe, sobald sie die Tür hinter sich zugemacht hatte?"

„Du bist zum Küchenschrank gegangen und hast die Bohnen herausgeholt."

„Richtig."

„Hast du das jemals wieder gemacht?"

„Oh, nein – einmal war genug, glaub' ich. Aber ich habe mich sehr oft daran erinnert."

„Also wurde es dir nicht zur Gewohnheit wie das Rauchen?"

„Nein."

„Kann es sein, dass Leute harmlose Gewohnheiten haben, die sie nicht zugeben wollen, weil jeder sagt, dass es falsch sei, so etwas zu tun?"

Herr Stottelmeier sah Harry über den Rand seiner Brille an. „Na ja", sagte er.

„Was heißt das?", bohrte Harry weiter.

„Es heißt ‚irgendwie ja'."

„Mama raucht aber nicht."

„Hast du sie jemals beim Essen beobachtet?"

Jetzt schwieg Harry. Schließlich fragte er: „Papa, habt ihr Sorgen, du und Mama?"

„Warum?"

„Weil ich gehört habe, dass man zu viel isst und raucht, wenn man Sorgen hat, darum möchte ich wissen, ob ihr Sorgen habt."

„Ich weiß nicht, ob ‚Sorgen' das richtige Wort dafür ist."

„Was *ist* dann das richtige Wort dafür?"

„Ich weiß es nicht."

„Also schön, dann sag' mir, was euch so fühlen lässt wie ihr fühlt, ganz egal, wie es heißt."

„Oh, das ist nichts Bestimmtes."

„Also mehr die Situation im Allgemeinen?"

„Ich schätze, ja."

„Papa, man sagt, dass Lisas Vater einen Herzinfarkt hatte, weil seine Firma zugesperrt hat."

„Das kann schon sein."

„Ist es so etwas, worüber du dich sorgst?"

„Nein, ich glaube nicht, dass das mit meiner Firma passieren kann, und ich glaube nicht, dass mir das passieren kann."

„Worüber machst du dir dann Sorgen?"

„Ich sehe einfach keine wirklichen Lösungen, das ist es. Ich denke, in den vergangenen 500 Jahren haben wir die Welt in so ein Schlamassel hineingeritten, dass wir die nächsten 500 Jahre damit beschäftigt sein werden, uns da wieder herauszumanövrieren. Und ich glaube, die Lage wird sich noch wesentlich verschlechtern, bevor sie wieder besser wird."

„Du willst mich wohl auf den Arm nehmen, Papa! In einem meiner Schulbücher steht genau das Gegenteil und im Internet auch! Dort heißt es, dass alles immer besser und besser geworden ist. Du musst dich da wirklich irren!"

Herr Stottelmeier sagte nichts dazu.

„Papa, wie könnte das, was du behauptest, richtig sein? Jeder weiß über den Fortschritt Bescheid. Den gibt's doch auf der ganzen Welt. Es nervt mich wirklich, dass du so etwas behauptest, wo du doch ganz genau weißt, dass alle anderen vom Gegenteil überzeugt sind."

„Es nervt dich also, ja?"

„Genau, es nervt mich wirklich."

„Eigenartig, vor einer Weile hast du mich noch gefragt, ob es möglich wäre, dass manches, was wir tun, gar nicht schlecht ist, obwohl jeder behauptet, dass es schlecht sei. Und jetzt muss ich im Irrtum sein, nur weil, wie du glaubst, alle anderen der gegenteiligen Meinung sind."

Herr Stottelmeier sah Harry fest in die Augen und lächelte nicht mehr. Harry konnte diesem Blick nicht standhalten, so begann er wieder mit dem Verschluss seiner Schultasche herumzuspielen.

Schließlich fragte Harry: „Papa, warum denkst du – du weißt schon, das was du gesagt hast?"

„Harry, du bist ein viel größerer Bücherwurm als ich es je gewesen bin und du recherchierst auch gerne im Internet. Ich kann dir nicht besonders gut erklären, warum ich gewisse Ansichten habe, deshalb behalte ich sie lieber für mich. Ich weiß es auch nicht genau. Mir scheint, dass die großen Systeme, die entwickelt wurden, damit es uns allen besser geht, mit der Zeit immer größer und komplexer geworden sind, sodass man sie nicht mehr verstehen kann, und was schlimmer ist, sie sind jetzt irgendwie außer Kontrolle geraten. Du hast mich gefragt, und ich hab' dir geantwortet."

„Können wir denn nichts unternehmen?"

„Es hat nicht viel Sinn, irgendetwas zu unternehmen, solange wir nicht wissen, was wir tun, und ich denke, es wird noch sehr, sehr lange dauern, bis wir so weit sind."

„Aber was sollen wir inzwischen tun?"

„Das, was du tust."

„Was tue ich denn?"

„Du versuchst zu verstehen."

„Und du?"

„Och", sagte Herr Stottelmeier und zündete sich noch eine Zigarette an, „mir geht's gut."

Frau Stottelmeier kam aus der Küche und trocknete sich die Hände ab. „Trinkt jemand mit mir eine Tasse Tee?"

„Ja, gerne", schmunzelte Herr Stottelmeier. „Aber wenn es möglich wäre, hätte ich gerne eine eigene Tasse."

EPISODE NEUNZEHN – *Suki tröstet Lisa*

„Lisa", rief Suki ihrer Freundin hinterher, „warte doch!" Lisa erwiderte nichts, aber sie blieb stehen und wartete.

„Gehen wir zusammen nach Hause?", fragte Suki.

Lisa nickte. Sie gingen den ganzen Weg schweigend nebeneinander. Schließlich kamen sie zu Sukis Haus. „Möchtest du nicht noch ein bisschen mit hineinkommen?", fragte Suki. „Kio ist mit Papa unterwegs und sie kommen frühestens um fünf wieder."

Lisa sagte nichts; es war fast so, als hätte sie Suki überhaupt nicht gehört. Dann nickte sie beinahe unmerklich und folgte Suki ins Haus. Sie gingen in Sukis Zimmer. „Willst du dich nicht setzen?", fragte Suki und zeigte auf die Stühle im Zimmer. Aber Lisa setzte sich mit gekreuzten Beinen auf den Boden, die

Ellbogen auf den Knien. Suki setzte sich in der gleichen Haltung neben sie und sah sie an.

So saßen sie eine ganze Weile. Lisa starr und schweigsam, Suki geduldig wartend. Schließlich sagte Suki: „Als meine Mutter gestorben ist, hab' ich mich wohl auch so gefühlt, wie du dich jetzt fühlen musst."

Man konnte schwer feststellen, ob Lisa das gehört hatte; sie starrte noch immer teilnahmslos auf den Boden.

Nach einer Weile sah Suki, dass Lisa sich nach vorne beugte. Dann zurück. Dann wieder nach vorne. Sie begann vor und zurück zu schaukeln, einige Minuten lang. Dann hörte sie plötzlich damit auf und starrte Suki an. Sie versuchte zu sprechen, aber es gelang ihr nicht.

Suki streckte die Hand aus und berührte vorsichtig Lisas Arm. Da wurde Lisa still und fiel Suki in die Arme, die Lisas Kopf an sich drückte und sie zu wiegen begann. Lisas Körper zitterte vor Schluchzen und Suki fuhr fort, sie in ihren Armen zu wiegen. Sie strich ihr sanft übers Haar und streichelte sie, bis das Schluchzen etwas nachließ.

Schließlich richtete sich Lisa auf. „Es geht schon wieder", sagte sie. Ihre Stimme klang heiser und ein wenig fremd.

„Sicher", antwortete Suki liebevoll.

„Es ist nicht fair!", brach es aus Lisa heraus. „Er hatte es nicht verdient zu sterben!"

„Alles, was lebt, stirbt irgendwann", sagte Suki sanft. „Das ist ganz natürlich."

„Aber er hätte nicht gerade *jetzt* sterben müssen!", schluchzte Lisa. „Er hatte doch noch so viel von seinem Leben vor sich!"

Dann fügte sie hinzu: „Außerdem, natürlich ist, das zu Ende zu bringen, was man angefangen hat. Nicht mittendrin herausgerissen zu werden. Sogar *Bäume* werden alt! Warum nicht er?"

„Ich weiß es nicht", murmelte Suki. „Aber etwas ist schon merkwürdig. Als meine Mutter gestorben ist, habe ich immer gedacht, wie viel *mein Vater* verloren hat. Und jetzt sagst du, dass *dein Vater* so viel verloren hat! Das ist etwas ganz Anderes!"

„Und", antwortete Lisa mit flacher, klangloser Stimme, „das ist doch egal."

„Du hast Recht. Im Moment ist es wirklich egal. Ich habe geglaubt, ich würde nie darüber hinwegkommen, als mir das damals passierte. Ich habe sehr lange gebraucht, bis ich akzeptieren konnte, was geschehen war. Erst dann hab' ich mich wieder langsam besser gefühlt."

„Ich werde nie darüber hinwegkommen", sagte Lisa energisch. „Ich werde mich nie mehr besser fühlen! Ich will überhaupt nichts mehr fühlen – nie mehr!"

Suki wechselte das Thema. „Sprichst du mit deiner Mutter?"

Lisa schüttelte den Kopf. „Wir sind beide in derselben Verfassung; ich kann nicht mit ihr reden, und sie kann nicht mit mir reden."

„Warum das?"

„Sie scheint ohne ihn nicht klar zu kommen. Sie ist hilflos, verstehst du? Sie fragt mich immer wieder, was sie tun soll."

Suki versuchte, sie zu beruhigen und sagte: „Deine Mutter fängt sich wieder nach einer Weile, da bin ich sicher."

„Sie wird es nie schaffen, den Tatsachen ins Auge zu sehen, deshalb muss ich es für sie tun", gab Lisa verbittert zurück.

„Du wirst bald deine alten Interessen wiederentdecken, wart' nur."

„Welche Interessen? Ich habe keine Interessen. Und ich hab' keine Wünsche und bin auch nicht so ehrgeizig. Ich bin nicht wie Jeanette, die es nicht erwarten kann, Ärztin zu werden, oder wie Mira, die Anwältin werden möchte. Die wissen, was sie wollen: schön für sie! Aber ich bin gar nichts, und ich will auch nie irgendetwas sein." Sie versteckte das Gesicht zwischen ihren Knien und begann wieder zu schluchzen. „Als er noch da war,

war ich nie allein. Und jetzt will ich nur, dass man mich allein lässt."

Suki schüttelte mitfühlend den Kopf. Diesmal versuchte sie nicht, Lisa zu halten oder zu streicheln. Sie war ganz einfach still.

Lisa schniefte und Suki holte ihr ein Taschentuch. Lisa sagte: „Ich bin so dumm. Ein totaler Idiot."

„Nein, bist du nicht."

„Als ob es etwas ändern würde, wenn man sich so gehen lässt."

„Es kann dir helfen, dich besser zu fühlen, und das ändert etwas."

„Für mich, vielleicht, aber nicht für die anderen."

„Ich habe gedacht, die anderen wären dir egal."

„Die anderen in der Schule sind nett. Ich habe nichts gegen sie."

„Sie haben sich alle Sorgen um dich gemacht. Jeden Tag, während du nicht in der Schule warst, hat Mira nach dir gefragt, und Harry und Markus und viele andere."

Lisa merkte plötzlich, dass sie sich besser fühlte. Aber sie konnte sich nicht überwinden, Suki zu sagen, wie viel diese letzte Bemerkung für sie bedeutete.

Episode Zwanzig – *Die Schule veranstaltet einen Schönheitswettbewerb*

Gleich nachdem die Geschichtsstunde begonnen hatte, kam Herr Parthold in die Klasse und setzte sich in die letzte Reihe. Alle wunderten sich, warum er wohl gekommen war.

Michi sah Mira an und runzelte die Stirn, als ob er fragen wollte: „Warum ist er denn da?"

Mira zuckte die Achseln, als ob sie antworten wollte: „Woher soll ich das wissen?"

Gegen Ende der Stunde bat Frau Winter Herrn Parthold nach vorne damit er den Schülerinnen und Schülern sagen konnte, warum er gekommen war.

„Ich wette, er wird uns mitteilen, dass Herr Kovacs an der Schule bleibt", flüsterte Maria Markus zu.

„Wollen wir wetten?", flüsterte Markus zurück.

Herr Parthold sprach wie immer herzlich zu den Schülerinnen und Schülern. „Zuerst möchte ich euch sagen", begann er, „dass ich eigentlich vorhatte, euch in der Freistunde zu besuchen. Ich wollte eure Geschichtsstunde nicht unterbrechen, aber aufgrund meiner Termine war es nicht anders möglich."

Maria sah Markus an. „Ich hab' dir doch gesagt, es geht um Herrn Kovacs", flüsterte sie.

Markus sagte nichts.

„Ich möchte euch auch sagen, was für feine junge Leute ihr seid", fuhr Herr Parthold fort. „Ihr besitzt Beharrlichkeit und Loyalität, und das sind Eigenschaften, die ich wirklich bewundere. Einen Moment lang hatte ich daran gedacht, zu sagen, dass das Eigenschaften seien, von denen man nicht genug haben kann, aber das wäre wohl nicht ganz richtig. Manchmal sind wir jemandem oder etwas gegenüber loyaler als notwendig, und dann wird Loyalität zu einem Fehler."

„Sind Wahrheitsliebe und Ehrlichkeit wie Loyalität?", fragte Lisa.

„Wie meinst du das?", wollte Herr Parthold wissen.

„Ich meine, sind das auch Eigenschaften, von denen wir nicht zu viel haben sollten?"

Herr Parthold lachte. „Nun, ich bin nicht zu euch gekommen, um mit dir über Moral zu diskutieren, und ich bin sicher, du und ich würden die anderen nur langweilen, wenn wir lange darüber diskutierten, was richtig und was falsch ist. Nein, ich möchte mich mit euch über etwas unterhalten, das euch, glaube ich, viel mehr interessieren wird. Ich spreche übrigens mit allen Klassen darüber."

Die Schülerinnen und Schüler sahen Herrn Parthold erwartungsvoll an.

„Worüber ich mit euch sprechen wollte…", fuhr er fort, „Es ist mir zu Ohren gekommen, dass es innerhalb der Schule einen Streit gibt. Wie ihr wisst, schicken die Herausgeber des Jahrbuchs jedes Jahr einen Fragebogen an alle Schüler. Darin fragen sie, welcher Junge es wohl am weitesten bringen wird, wer das hübscheste Mädchen ist und all diese Dinge. Nun, es ist mehrfach kritisiert worden, dass so eine Umfrage gemacht wird, und jetzt wollte ich eure Meinung dazu wissen."

Mira meldete sich als Erste. „Herr Parthold, woher stammt eigentlich ursprünglich diese Idee, dass sich Schülerinnen und Schüler gegenseitig beurteilen sollen?"

Herr Parthold lächelte. „Nun, das weiß ich nicht genau, aber man hat mir gesagt, dass Kinder das von sich aus gerne tun. Und die Herausgeber des Jahrbuchs haben mir gesagt, dass das der beliebteste Teil des Buches sei."

„Also", erwiderte Mira, „ich denke, wenn die Erwachsenen nicht immer versuchen würden, uns einzustufen, dann würden wir überhaupt nicht auf so eine Idee kommen."

Lisa hob die Hand und wurde als Nächste aufgerufen. „Sagten Sie, der hübscheste Junge und das Mädchen, das es wohl am weitesten bringen wird?"

„Nein", Herr Parthold unterdrückte ein Lächeln. „Schönheitswettbewerbe werden für Mädchen veranstaltet, nicht für Jungen." Dann fügte er rasch hinzu: „Das stammt natürlich nicht von mir. Es war einfach immer so, und schließlich wird es von den Schülern organisiert."

„Warum ist das so?", wollte Lisa wissen, und bemühte sich, so ruhig wie möglich zu fragen.

„Nun, da das eine Geschichtsstunde ist, möchte ich es so sagen: Das ist hauptsächlich historisch bedingt. Seit jeher waren die Menschen der Ansicht, dass Männer, da sie die größte Verantwortung für das Schicksal der Welt tragen, diejenigen sind, die am intelligentesten sein müssen und die es zu etwas bringen müssen. Andererseits wurde die Schönheit der Frauen schon immer als eines der höchsten Ideale der Menschheit angesehen. Denkt nur daran, wie viele Männer für die schöne Helena gestorben sind!"

„Herr Parthold, ich weiß, wenn ich mich gegen Schönheitswettbewerbe äußere, werden einige sagen: ‚Die ist doch nur sauer, weil sie weiß, dass sie nie einen gewinnen könnte.' Und andere wiederum würden sagen: ‚Als nächstes willst du wohl alle Arten von Wettbewerben verbieten, sportliche Wettkämpfe eingeschlossen.' Aber ich sage nichts in der Art."

„Also was *sagst* du dann, Lisa?", fragte Toni. „Sollten wir in Unterrichtsfächern, wie Mathematik und Englisch, denn nicht beurteilt werden?"

Lisa starrte Toni einen Augenblick wortlos an. Dann wandte sie sich wieder an Herrn Parthold. „Ich habe den Eindruck, dass jede und jeder von uns anders denkt. Jedes Gehirn arbeitet auf seine Weise. Und jedes Gesicht ist auf seine Art schön; ganz egal, ob es das Gesicht eines Jungen oder eines Mädchens ist. Aber wenn sie nun auf eine Art von Intelligenz zeigen und sagen: ‚Das da ist Klugheit', dann muss sich der Rest von uns für Dummköpfe halten. Und wenn Sie nur auf eine Art von Schönheit zeigen, dann muss sich der Rest von uns denken, dass etwas mit uns nicht in Ordnung ist."

„Wie denkt der Rest von euch darüber?", fragte Herr Parthold und wandte sich den Übrigen zu.

„Lisa hat Recht", sagte Harry.

„Ja", stimmte Markus zu, „sie hat Recht."

Dann sagte Toni: „Schaut, ich habe wirklich nichts für diese Jahrbuchwettbewerbe übrig, aber es ist nun einmal so, dass man oft auf Regeln und Kriterien nicht verzichten kann."

„Das ist richtig!", meinte Herr Parthold. „Das heißt, ich stimme eigentlich all dem zu, was hier gesagt wurde. Unser Hauptziel hier in der Schule ist, euch Bildung zukommen zu lassen. Was ich wissen möchte, ist, ob dieser Wettbewerb, den die Herausgeber des Jahrbuchs auch heuer wieder veranstalten wollen – ob er zu eurer Bildung etwas beiträgt oder nicht. Ich frage euch, euch Schüler, weil es eure Schule und euer Wettbewerb ist."

Hassan stand von seinem Platz auf. Er war in den vergangenen Monaten so schnell gewachsen, dass er jetzt beinahe einen Kopf größer als alle anderen in der Klasse war. „Herr Parthold", begann er, „dieser Wettbewerb ist mir völlig gleichgültig. Ich glaube nicht, dass er für irgendjemanden von Bedeutung ist. Sicher, wir könnten darauf verzichten – aber dann haben die Schüler wieder ein bisschen weniger in dieser Schule zu sagen." Hassan wollte noch etwas hinzufügen, aber er konnte es nicht in Worte fassen. Er stand noch einen Moment so da, dann ließ er sich wieder langsam auf seinen Stuhl sinken.

„He", rief Markus, „Hassan hat Recht! Es geht nicht darum, ob der Wettbewerb stattfinden soll oder nicht. Es geht darum, wodurch wir ihn ersetzen sollen!"

„Richtig", sagte Mira. „Machen wir etwas in der Schule, das etwas ändert. Machen wir etwas, wo unsere Stimmen wirklich zählen."

Einen Augenblick lang war es ganz ruhig in der Klasse. Dann sagte Herr Parthold: „Lasst mich darüber nachdenken. Ich komme wieder zu euch, ich verspreche es. Vielleicht können wir etwas erarbeiten." Mit diesen Worten ging er aus der Klasse.

Als sie die Schule verließen, sagte Mira zu Lisa: „Ich glaube, ich hätte nichts dagegen, meinen Hund an einer Hundeschau teilnehmen zu lassen, aber warum in aller Welt wollen wir Menschen so behandeln?"

Lisa zuckte nur die Achseln und schwieg, aber Harry bemerkte: „Bei einer Hundeschau gibt es wenigstens sinnvolle Kriterien, zum Beispiel, wie die Hunde stehen und wie ihr Fell aussieht –"

„Genau wie bei einem Schönheitswettbewerb für Mädchen!", sagte Lisa schnippisch.

„Ich will doch nur sagen", beharrte Harry, „dass es fast für alles Kriterien gibt. Bei Äpfeln entscheiden doch der Durchmesser und die Farbe, ob ein Apfel gut oder sehr gut ist –"

Mira unterbrach ihn lachend. „Ich erinnere mich, voriges Jahr habe ich mit meiner Mutter beinahe im Geschäft gestritten, welche Äpfel wir kaufen sollten. Sie behauptete, Grafensteiner seien gut, und ich sagte, nein, Golden Delicious seien gut. Ja, und hinterher stellte sich heraus, dass sie von Äpfeln zum *Kochen* sprach, und ich von Äpfeln zum *Essen*."

„Ihr habt sie verschieden beurteilt, weil ihr verschiedene Kriterien angewendet habt", kommentierte Mildred.

„Richtig", stimmte Mira zu. „Verschiedene Arten von Äpfeln miteinander vergleichen zu wollen ist nicht besser als Äpfel mit Orangen zu vergleichen."

„Dann kann man also Dinge nicht einstufen und beurteilen, wenn sie nicht von der gleichen Art sind?", fragte Toni.

Michi antwortete: „Ist das nicht das, was die Lehrer hier tun? Wir gehen alle in dieselbe Klasse, und am Ende des Schuljahres stufen sie unsere Leistungen ein und geben uns allen eine Note."

„Was das betrifft", meinte Rudi, „ist es in der Geschäftswelt denn anders? Unternehmer müssen Kriterien finden, um Leute einstellen und befördern zu können."

Mira schien verwirrt zu sein. „Das ist schon in Ordnung – aber seht ihr denn nicht, dass Kriterien nicht genug sind? Es muss Verfahren geben, die garantieren, dass die Kriterien richtig angewendet werden!"

„Und es muss Verfahren geben, die garantieren, dass Kriterien nicht angewendet werden, wenn sie *ungeeignet* sind!", rief Lisa. „Das ist es, was ich an Schönheitswettbewerben nicht mag. Es ist nicht so, dass man keine Kriterien finden kann. Es ist nur so, dass ich dagegen bin, dass man Menschen genauso einstuft, wie ein Fleischer Fleisch!"

Harry sagte: „Vielleicht kann man verschiedene Orte – wie eine Schule oder ein Geschäft – dahingehend miteinander vergleichen, welche Kriterien dort jeweils angewendet werden."

„Was das angeht", antwortete Lisa, „ist das bei Menschen nicht dasselbe? Ich beurteile Menschen nicht nur danach, was sie sagen oder was sie tun. Ich möchte wissen, welche Kriterien sie haben und welche Gewohnheiten. Ich meine, ich möchte wissen, was für einen *Charakter* sie haben, und ich beurteile ihren Charakter nach –"

„Danach, was für sie charakteristisch ist?", fragte Markus. Lisa sah ihn dankbar an, obwohl sie sich gleichzeitig fragte, ob er merkte, wie sehr sie ihn mochte.

* * *

Zu Hause ging Lisa gleich in ihr Zimmer.

Sie setzte sich mit gekreuzten Beinen aufs Bett, nahm einen Stoß Briefe aus dem Regal und breitete sie vor sich aus. Es waren die Briefe, die ihr ihr Vater jeden Sommer ins Ferienlager geschrieben hatte – lange Briefe, in denen er seine eigenen Beobachtungen und Überlegungen schilderte. Er konnte sich so gut und klar ausdrücken. Lisas Augen blieben trocken, während sie

sie las, aber sie studierte jeden einzelnen Brief, als ob sie jede mögliche Bedeutung aus ihnen herauslesen wollte.

Dann schaute sie auf. „Wörter", dachte sie, „sind lebendig!"

KAPITEL 9

EPISODE EINUNDZWANZIG – Michi und der Überfall

Michi, Harry und Lisa saßen auf den Stühlen am Gang, als zwei ältere Schüler lässig vorbeischlenderten. Einer von ihnen hatte auf beiden Unterarmen Tätowierungen und trug eine verspiegelte Sonnenbrille. Der andere war ganz in Leder gekleidet und auf seiner Jacke funkelten zahllose Nieten.

„Mann", murmelte Michi, „schaut euch diese Tätowierungen an! Ich wünschte, mein Vater würde mir erlauben, meine Arme tätowieren zu lassen!" Er seufzte. „Die Typen sehen wirklich stark aus. Die haben's gut! So was heizt tüchtig ein, ich sag's ja immer."

„Ja, Michi, du sagst es immer wieder", murrte Lisa. „Du sagst es andauernd."

Der Junge in Leder machte kehrt und ging auf Lisa zu. Er beugte sich zu ihr und starrte sie eine Minute lang herausfordernd an. Lisa hielt seinem Blick gelassen stand. Dann, ohne ein Wort zu sagen, stolzierte er betont lässig zu seinem Freund zurück. Sein Gang war so komisch, dass Lisa auflachen musste. Der Junge hörte sie, blieb stehen und rief über seine Schulter: „Du wirst mich nie vergessen. Das würdest du nicht wagen." Dann verschwanden die beiden um die Ecke.

Michi seufzte noch einmal. „Tätowierungen machen mich wirklich an – da werde ich immer schwach."

Lisa kicherte, aber Michi war so in seine Gedanken vertieft, dass er Lisas Kichern völlig überhörte. „Wenn man wirklich darauf abfährt, dann ist es richtig. So einfach ist das."

Harry runzelte die Stirn. „Willst du damit sagen, dass eine Handlung richtig ist, wenn man ein gutes Gefühl dabei hat – und wenn man ein schlechtes Gefühl dabei hat, ist es falsch?"

„Sicher", antwortete Michi überzeugt.

„Dann kann also ein und dasselbe für mich richtig und für dich falsch sein?"

„Ja", erwiderte Michi.

Lisa war sich zwar nicht ganz sicher, ob sie Michis Auffassung teilte, aber sie rief dazwischen: „Er hat völlig Recht, Harry!" Sich selbst fragte sie jedoch: „Wie kann es denn ein und dasselbe sein, wenn verschiedene Personen verschiedene Gefühle dabei haben?"

„Aber ist etwas richtig, weil man ein gutes Gefühl dabei hat, oder hat man ein gutes Gefühl dabei, weil es richtig ist?", wollte Harry wissen.

Lisa stand auf. „Manchmal stellst du meine Geduld wirklich auf die Probe, Harry!", rief sie. Harry grinste. „Du kannst ja meine auf die Probe stellen!"

„Ein anderes Mal. Ich bekomme schon Kopfweh von deinen Fragen und außerdem muss ich jetzt rasend schnell gehen", erwiderte Lisa.

Michi sah sie fragend an.

„Rasende Kopfschmerzen", fügte Lisa hinzu und sah Harry aus den Augenwinkeln an.

* * *

Michis Vater hatte ein Jeansgeschäft und Michi half ihm jeden Nachmittag. Michi eilte unmittelbar nach der Schule ins Geschäft. Als er kam, wartete sein Vater schon ungeduldig auf ihn.

„Wieso kommst du erst jetzt?", wollte er wissen, wartete aber die Antwort gar nicht ab. „Ich muss dringend wegen des Kredits zur Bank. Pass' aufs Geschäft auf. Hier ist der Schlüssel für die Kasse."

Etwa zehn Minuten nachdem sein Vater gegangen war, stand Michi ein kleiner Mann gegenüber, der die linke Hand in der Tasche einer abgetragenen Jacke und die rechte Hand tief in der Hosentasche hatte.

„Ich hätte gerne, dass du mir bitte das Geld aus der Kasse gibst", sagte er sanft zu Michi. Michi sah ihn ungläubig an. Der Mann hustete stark und zog etwas aus seiner Jackentasche. Plötzlich erkannte Michi, dass es eine Pistole war.

„Oh Gott!", dachte Michi. „Mein Vater bringt mich um, wenn ich dem das Geld aus der Kasse gebe, aber der Kerl bringt mich um, wenn ich es nicht tue." Widerwillig öffnete er die Kassenlade und nahm alle Geldscheine heraus. Er bemühte sich, seine Hände für den Mann sichtbar und langsam zu bewegen. Der Mann stopfte das Geld in seine Taschen und wandte sich um, um aus dem Geschäft zu laufen. Als er die Pistole wieder in seine Jacke stecken wollte, begann er zu husten. Plötzlich gab es einen lauten Knall; Michi sah, dass sich der Mann selbst ins Bein geschossen hatte. Er strauchelte und brach dann an der Tür zusammen. Als er zu Boden fiel, drückte Michi den Alarmknopf. Wenige Minuten später traf die Polizei ein.

* * *

Am nächsten Tag erzählte Michi die Geschichte immer und immer wieder, und jede Version war heldenhafter als die vorangegangene. Aber als Harry und Lisa danach fragten, musste Michi zugeben, dass es ihm Sorgen bereitete, dem Mann das Geld gegeben zu haben. „Wir werden es wochenlang nicht wiederbekommen", jammerte er, „die Polizei behält es erst einmal als Beweismittel."

„Ich verstehe nicht, warum du so jammerst", bemerkte Lisa. „Er hat das doch nur deshalb getan, weil er in dem Augenblick ein gutes Gefühl dabei hatte. Sein Problem ist nur, dass er es verpfuscht hat!"

„Ja, sicher", antwortete Michi. „Falsch ist, was misslingt. Richtig ist, was gelingt. Wenn ich etwas nicht vertrage, dann sind es Misserfolge!"

„Meinst du damit, wenn er mit dem Geld entkommen wäre, dann wäre es richtig gewesen?", fragte Harry.

„Richtig für ihn", gab Michi zurück.

„Ich weiß nicht", bemerkte Lisa. „Ich denke, es war schlecht, so etwas zu tun, ob er jetzt erfolgreich war oder nicht."

Markus, der ihnen zugehört hatte, sagte dazu: „Ich denke, jeder Mensch hat das Recht, sein Leben so zu leben, wie er will, solange andere dadurch nicht daran gehindert werden, ihr Leben so zu leben, wie *sie* es wollen."

„Also?", fragte Lisa.

„Also war der Überfall auf Michi schlecht, weil dadurch Michi und seine Familie Schaden erlitten haben", erklärte Markus.

Harry grinste. „Klingt gut. Betrachte es einmal so, Michi: Du kannst mit deinem Arm herumfuchteln, so viel du willst, aber deine Freiheit, das zu tun, hört dort auf, wo meine Nase beginnt."

Sie standen vor der Klasse am Gang und Herr Kovacs wollte gerade die Tür schließen, aber Lisa zögerte. Sie konnte und wollte die Unterhaltung nicht beenden, bevor sie nicht aus all dem, was gesagt worden war, schlau geworden war. „Mal sehen, ob ich's jetzt verstehe", sagte sie langsam. „Wir können etwas *richtig* oder *falsch* nennen, je nachdem, ob es zur Art, wie wir unser Leben leben wollen, passt oder nicht. Aber wenn ich etwas tun möchte das jemand anderem schadet, dann ist das ein Grund, diese Handlung schlecht zu nennen. Und wenn dadurch jemandem geholfen wird, dann ist das ein Grund, die Handlung als gut zu bezeichnen."

Harry nickte zustimmend. Er wandte sich an Michi. „Michi glaubst du noch immer, dass alles richtig ist, was gelingt?"

„Ja", erwiderte Michi. „Und deshalb liegt ihr falsch, denn eure Ideen *werden nie funktionieren!*"

*　　*　　*

Einige Wochen später fragte Harry seinen Vater: „Papa, wie ist das, wenn ein Richter Geschworene bestellt?"

„Der Richter erklärt ihnen das Gesetz, und sie müssen herausfinden, ob im Fall, der verhandelt wird, gegen das Gesetz verstoßen wurde oder nicht. Warum fragst du?"

„Der Fall von dem Mann, der Michi im Geschäft seines Vaters überfallen hat, kommt heute vor die Geschworenen. Was, glaubst du, wird der Richter sagen?"

„Nun, vermutlich wird er den Geschworenen sagen, dass Raub ein Verbrechen ist, und dass sie entscheiden müssen, ob das wirklich ein Raubüberfall war. Wenn es einer war, dann hat der Mann ein Verbrechen begangen."

„Das scheint mir doch offensichtlich zu sein. Warum macht man sich da überhaupt die Mühe einer Verhandlung?", fragte Harry.

„Vielleicht scheint es offensichtlich, weil du nur Michis Schilderung des Geschehens gehört hast. Hat der Mann nicht das Recht, seine Version zu erzählen?", konterte sein Vater.

Harry schwieg einen Augenblick. Dann fragte er: „Papa, ist es dasselbe, wenn Leute versuchen herauszufinden, ob etwas, was sie zu tun gedenken, richtig oder falsch ist?"

„Was meinst du?"

„Ich meine, wenn du die Absicht hast, etwas zu tun, fragst du dich dann nicht, unter welche Regel das fällt, und ob es auch tatsächlich das ist, wofür du es hältst? Ich meine, ich denke vielleicht daran, irgendetwas zu sagen, und dann sage ich zu mir selbst: ,Man lügt nicht.' Aber dann frage ich mich: ,Und wenn das auch so ist, ist das, was ich sagen möchte, auch *tatsächlich eine Lüge?*'"

„Ich denke, du hast deine Frage soeben selbst beantwortet", bemerkte sein Vater.

EPISODE ZWEIUNDZWANZIG – *Lisa gerät in Versuchung mit einem Unbekannten mitzufahren*

„Lisa, könntest du mir noch ein paar Dinge aus dem Geschäft an der Ecke besorgen, bevor du in die Schule gehst?"

Lisa drehte sich an der Tür um, sah ihre Mutter an und antwortete ärgerlich: „Mama, du weißt, dass ich zu spät kommen werde, wenn ich jetzt noch etwas erledigen muss, ich bin ja ohnehin schon spät dran."

„Du gehst heute sogar etwas früher als sonst, und es dauert ja nur ein paar Minuten."

„Na schön, gib mir die Liste." Lisa schnappte den Einkaufszettel und die Geldscheine, die ihr ihre Mutter entgegenhielt, und stürzte aus dem Haus. In wenigen Minuten war sie wieder zu Hause, knallte die Lebensmittel mit solcher Wucht auf den Küchentisch, dass die Tüte riss, und stürmte auch schon wieder aus dem Haus.

Als sie außer Sichtweite war, wurde sie langsamer und schlenderte schließlich gemächlich weiter. Sie kochte noch immer vor Wut, weil ihre Mutter sie so unnötig aufgehalten hatte. Lisa war auch auf sich selbst wütend, da sie nicht wusste, wie sie mit der Hilflosigkeit ihrer Mutter fertig werden sollte. Sie fühlte sich, als ob sie gefangen wäre.

Es war ein nebelverhangener Morgen; vor allem im Park, an dem Lisas Schulweg entlangführte, war der Nebel besonders dicht. Lisa hätte das Auto, das langsam neben ihr herfuhr, beinahe nicht bemerkt. Doch plötzlich wurde sie von einer freundlichen Stimme angesprochen: „Hallo, soll ich dich ein Stück mitnehmen?"

Soviel sie sehen konnte, war das Gesicht des Fahrers jung und hübsch. Und als Lisa nicht antwortete und weitermarschierte, erklang die Stimme abermals: „Na, wie wär's? Möchtest du nicht ein Stück mitfahren?"

Im dichten Nebel kam ihr alles wie in Zeitlupe vor: sie, wie sie dahintrödelte und das Auto, das langsam neben ihr herfuhr. Aber Lisa registrierte auch ihre turbulenten Gedanken und Gefühle. Einerseits war sie sich vollkommen bewusst, dass die Warnungen ihrer Eltern und ihr eigener gesunder Menschenverstand ihr nahelegten, alles zu unternehmen, um nicht in eine Situation zu kommen, der sie vielleicht nicht gewachsen war. Andererseits waren da zwei starke Gefühle, derer sie sich ebenso deutlich bewusst war. Das eine war die Versuchung, sich auf ein kleines Abenteuer einzulassen, eine kurze, flotte Autofahrt zur Schule, mit der sie vor ihren Freunden prahlen könnte. Das andere, noch stärkere Gefühl war, dass das eine Möglichkeit wäre, rauszukommen – einfach auszubrechen.

Das Auto hielt an, die Tür auf der Fahrerseite wurde geöffnet, und der junge Mann stieg aus – das heißt, jetzt sah er gar nicht mehr so jung aus. Lisa zögerte, dann begann sie zu laufen. Der Mann stieg wieder in sein Auto und hatte sie schnell eingeholt.

Im Nebel tauchte das rote Licht einer Ampel auf. Das Auto hielt an der Kreuzung und ein zweites rollte langsam darauf zu. Lisa erkannte ihre Chance. Sie rannte über die Straße und begann, das kurze Stück bis zur Schule im Dauerlauf zurückzulegen. Sie blickte sich um und sah, dass ein Auto langsam auf sie zukam. Da versteckte sie sich hinter einigen Mülltonnen, die am Straßenrand standen, und beobachtete, wie das Fahrzeug an ihr vorbeifuhr. Sie war erleichtert, als sie bemerkte, dass es ein anderer Wagen war. Bald kam sie auf das Schulgelände. Es war noch ziemlich früh, und so bummelte sie gemächlich in ihre Klasse.

Als Lisa Suki diese Geschichte erzählte, dachte sie über ihre eigene Reaktion auf das Geschehene nach. Was sie besonders beunruhigte, war die Tatsache, dass die Gefahr sie angezogen hatte, und dass sie sich richtig dazu durchringen hatte müssen, ihren Impulsen nicht nachzugeben, obwohl sie die ganze Zeit gewusst hatte, wie unvernünftig sie waren. Sie fand es jedoch ermutigend, dass sie schließlich doch versucht hatte, sich zu retten, und sie glaubte, dass ihr das auch ohne den glücklichen Umstand, dass ein zweites Auto dazugekommen war, gelungen wäre.

„Ich habe viel über mich selbst daraus gelernt", sagte sie zu Suki.

„Das ist eine Möglichkeit etwas zu lernen", erwiderte Suki ernst. „Die härtere."

„Ich lerne etwas über das Leben", entgegnete Lisa.

„Sicher – nur, das nächste Mal ist es vielleicht nicht etwas über das Leben, was du lernst."

Lisa starrte Suki an, dann sagte sie langsam, beinahe mechanisch: „Die Wahrheit ist, dass ich mit dem Leben genauso wenig zurechtkomme wie meine Mutter. Wann immer es zu einer Krise kommt, ist sie nicht darauf vorbereitet. Und mit mir ist es dasselbe, wie man sieht! Ich sollte eigentlich selbstständig denken können, aber wenn ein echtes Problem auftaucht, gerate ich völlig durcheinander! Ach Suki, ich bin solch eine Schwindlerin: Ich bluffe und täusche ständig etwas vor, aber wenn es darauf ankommt, dann kann ich nicht besser auf mich aufpassen als Kio!"

Suki antwortete nur: „Du suchst ständig nach schnellen Lösungen. Du willst mit einem Fremden mitfahren, nur um wegzukommen. Aber oft kann man Probleme nicht sofort lösen. Es braucht eben alles seine Zeit..."

* * *

Einige Tage später rief Suki Lisa an. Sie war ganz atemlos vor Aufregung. „Meine Cousine, No, kommt aus Hamburg. Sie nimmt an irgendeinem Wettbewerb in Rom teil, und bleibt für ein, zwei Tage bei uns."

„No? So heißt sie?"

Suki lachte. „Eigentlich heißt sie Nobuko Tong, aber wir sagen alle No zu ihr. Sie hat mir einmal erzählt, dass ihre Eltern, als sie noch klein war, immer ‚No' zu ihr gesagt haben, wenn sie etwas nicht tun sollte. Anstatt damit aufzuhören, tat sie dann einfach so, als hätte man nur ihren Namen genannt, und machte seelenruhig damit weiter."

„An welchem Wettbewerb nimmt sie denn teil?"

„An einem Musikwettbewerb. Sie spielt Geige. Es kommt noch ein Musiker mit ihr mit, der auch daran teilnimmt. Er ist Pianist, und zuerst wird jeder solo spielen und dann spielen sie im Duett."

„Er heißt zweifellos ‚Yes'."

Suki kicherte. „Nicht doch. Er heißt Walter." Dann fragte sie: „Möchtest du sie gerne kennenlernen, wenn sie da sind?"

„Ja", antwortete Lisa, „wahnsinnig gern!"

An ihrem ersten Abend konnte Lisa No und Walter nicht kennenlernen, aber am zweiten. Bevor die beiden Musiker spät in der Nacht nach Rom weiterflogen, war sie bei den Tongs eingeladen.

Lisa war es gewohnt, dass es bei Suki zu Hause immer lange Gespräche über alles Mögliche gab, und sie war überrascht – wenn auch keineswegs unangenehm – als sich der Abend als eine Art Generalprobe für den Wettbewerb entpuppte. Als No mit der Suite von Bach fertig war, wurde Kio unruhig und ging zu Bett. Dann spielte Walter etwas von Strawinsky und danach gaben No und Walter noch eine Schubertsonate zum Besten. Lisa dachte nicht, dass sie die Musik besser verstand als damals, als ihr Vater versucht hatte, sie für Streichquartette von Beethoven zu begeistern, aber sie war von Nos flinken Fingerbewegungen und von den Veränderungen ihres Gesichtsausdrucks so fasziniert, dass sie die Fremdartigkeit der Musik überhaupt nicht störte.

Nach der Darbietung gingen Lisa und Suki zu No ins Zimmer, um ihr beim Packen zu helfen. Suki war überrascht, dass Lisa ihr Abenteuer mit dem Mann im Auto noch einmal erzählte. Aber anstatt damit zu prahlen, gestand Lisa, dass die Geschichte bewies, wie verwirrt und durcheinander sie in Wirklichkeit war. „Sicher", sagte sie betrübt, „ich schaff' es jeden Tag in die Schule und wieder nach Hause zu gehen. Aber wie bereite ich mich auf eine Krisensituation vor?"

No hörte ihr nachdenklich zu, dann meinte sie: „Ich denke, ich weiß, was du sagen willst. Schließlich muss ich ja auch perfekt spielen, wenn ich öffentlich auftrete. Das bedeutet, dass jeder Auftritt für mich eine Krisensituation ist, auf die ich mich vorbereiten muss." Sie legte die Geige vorsichtig in den Geigenkasten. „Für den Auftritt bereit zu sein, kostet mich viel Überwindung, es kostet mich viel Kraft und es ist eine enorme Anstrengung."

Suki sagte sanft: „Niemand konnte das an der Art und Weise, wie du spieltest bemerken. Es war wunderbar und gefühlvoll! Aber wenn du spielst, sieht man den Kampf und die enorme Anstrengung immer noch in deinem Gesicht. Du scheinst Frieden und Schmerz zugleich zu empfinden."

„Als ich sehr jung war", antwortete No, „war mir bereits bewusst, dass ich starke Konkurrenzgefühle hatte, und ich machte mir Sorgen, dass sie eines Tages die Ursache dafür sein könnten, dass ich jemanden verletzen würde. Das war mein Problem, verstehst du, aber als ich anfing Geige zu studieren, fühlte ich das nicht mehr und allmählich bin ich immer weniger aufgeregt."

Lisa bemerkte langsam: „Ich verstehe schon den Vergleich, den du anstellst, No. Meine Gefühle standen im Konflikt miteinander und ich konnte mir über sie nicht klar werden, deshalb hätte ich beinahe eine große Dummheit gemacht. Aber bei dir ist es fast so, als ob du den Konflikt zwischen deinen Gefühlen für dich nutzt. Wie machst du das bloß?"

„Hauptsächlich durch Üben. Stundenlanges tägliches Üben. Fingerübungen, Übungen mit dem Bogen – ich muss so viele verschiedene Fertigkeiten beherrschen, und das verlangt alles viel Mühe und Arbeit. Und dann müssen die einzelnen Fertigkeiten so nahtlos ineinander übergehen, dass sie ein vollkommenes Ganzes ergeben."

Lisa schüttelte verzweifelt den Kopf. „Das hilft mir aber auch nicht! Üben für ein Konzert ist doch nicht dasselbe wie entscheiden, ob man mit einem Fremden mitfährt oder nicht."

„Fingerübungen und Übungen mit dem Bogen haben an sich nicht sehr viel mit Musik zu tun", antwortete No. „Aber es sind *Vorbereitungen* um Musik zu spielen. Ebenso gibt es Dinge, die man machen muss – Dinge, die an sich nicht sehr bedeutend oder sinnvoll erscheinen –"

„– wie zum Beispiel Lebensmittel einkaufen", sagte Lisa, mehr zu sich selbst.

„Ja, zum Beispiel", erwiderte No und lächelte flüchtig. „Es gibt Dinge, die man tun muss, um sich vorzubereiten – um bereit zu sein, *nur für den Fall*, dass es irgendwann zu einer Krise kommen sollte."

Darauf sagte Suki trocken: „Du sagst das so, als ob man einen Feuerwehrwagen in der Garage stehen haben sollte, für den Fall, dass irgendwo ein Feuer ausbricht."

„Aber irgendwie ist das doch wahr!", rief No. „Man kann sich doch nicht von seinen Problemen überwältigen lassen, auch wenn man nicht vorhersehen kann, welche Probleme auftreten werden. Man muss sich einfach darauf vorbereiten, so wie sich ein Musiker für ein Konzert bereit macht. Dann kann alles augenblicklich mobilisiert werden: die Gefühle, die Gedanken, die Fähigkeiten, die Bewegungen – alles, wie auf Knopfdruck."

Lisa saß vorn übergebeugt auf dem Bett und stöhnte: „Ich werde nie etwas richtig machen, weil ich immer in Versuchung gerate, das Falsche zu tun."

„Aber du bist auch versucht, das Richtige zu tun", versicherte ihr No. „Lisa, merkst du denn nicht, dass du schon *dabei* bist, dich bereit zu machen. Es braucht nur *Übung*, das ist alles."

„Und Zeit", fügte Suki hinzu. „Nur um mal eben kurz das Thema zu wechseln... Dieser Walter – magst du ihn, No?"

No antwortete: „Ach Suki, was Walter angeht bin ich so verwirrt! Manchmal denke ich, er ist furchtbar, und manchmal denke ich, er ist wirklich sehr nett!"

„Oh!", sagte Lisa grinsend, „das hört sich ja an, als ob ich es gesagt hätte."

KAPITEL 10

Episode Dreiundzwanzig – *Der Bootsausflug*

Es war der Tag vor dem Klassenausflug. Jedes Jahr besuchte die Klasse einen Ort von historischer Bedeutung und dieses Jahr hatten sie beschlossen, ein altes Schloss zu besichtigen, das im 19. Jahrhundert einer Fürstenfamilie als Sommersitz gedient hatte. Nun gehörte es zu einem Naturschutzgebiet.

Besonders aufregend war die Aussicht auf eine Bootsfahrt, die die Klasse zum Schloss bringen sollte. Für Maria versprach das der spannendste Teil des ganzen Ausflugs zu werden. Mildred und sie waren so in ihre Unterhaltung darüber vertieft, was sie anziehen und was sie zu essen mitnehmen würden, dass sie einfach nicht zu reden aufhören konnten, auch dann noch nicht, als Herr Kovacs leicht auf den Tisch klopfte.

Herr Kovacs beobachtete Maria und Mildred amüsiert, wie sie sich bemühten, ihm endlich ihre Aufmerksamkeit zu schenken. Schließlich sagte er: „Ich weiß, ihr wollt noch einmal darüber reden, was Aussagen wahr macht. Aber wenn es euch nichts ausmacht, möchte ich euch zuerst etwas mitteilen. Ihr habt ein Recht darauf, es zu erfahren."

Markus fühlte – wie viele in der Klasse – plötzlich eine alarmierende Besorgnis in sich aufsteigen. „Jetzt wird er uns sagen, dass er gefeuert worden ist", dachte er.

„Wie ihr alle wisst", fuhr Herr Kovacs fort, „gab es Diskussionen über die Art der Schulpolitik in diesem Jahr. Und ich habe bemerkt, dass einige von euch sich über meine Zukunft an dieser Schule Sorgen gemacht haben. Heute kann ich euch mitteilen, dass das nur ein Sturm im Wasserglas war, und alle Beteiligten übereingekommen sind, die ganze Angelegenheit zu vergessen."

„Dann bleiben Sie also?", fragte Markus erleichtert.

„Nicht direkt. Man hat mir eine Stelle als stellvertretender Direktor an einer anderen Schule der Stadt angeboten, und ich nehme sie an. Daher werde ich nächstes Jahr nicht mehr hier sein."

Aufgeregt begannen sich die Kinder zu unterhalten. Herr Kovacs duldete es einige Augenblicke lang, dann sagte er: „So, wenden wir uns jetzt wieder der Frage zu, was Aussagen wahr macht."

„Wisst ihr was", begann Lisa, „ich glaube nicht, dass wir irgendetwas herausfinden, solange wir nicht wissen, was die verschiedenen Wahrheitstheorien besagen. Weiß das jemand? Hat irgendjemand eine Idee?"

Lisas Ruf nach neuen Ideen folgte eine eher ziellose Diskussion, die schließlich völlig verebbte. Lisa sah Harry an und zuckte mit den Achseln. „Ich habe es zumindest versucht", sagte sie.

* * *

Am nächsten Tag waren sie alle an Bord des Schiffes, das langsam den Fluss hinauftuckerte. Eine kleine Gruppe von Schülerinnen und Schülern stand hinten am Heck und beobachtete, wie die große Schiffsschraube das trübe, braune Wasser zu grünweißem Schaum aufwirbelte.

Markus schaffte es, mit der Hand einige Tropfen der Gischt aufzufangen. „He, Stottelmeier", rief er, „soll ich dir beweisen, dass der Satz ,Wasser ist nass' wahr ist? Wie wär's damit?" Und bevor Harry etwas sagen konnte, hatte er eine Handvoll Wasser ins Gesicht bekommen. Harry lachte gutmütig und revanchierte sich einen Moment später auf dieselbe Weise bei Markus. Doch Markus wollte, dass Harry wusste, wovon er sprach: „Siehst du, Aussagen sind wahr, wenn sie den Tatsachen entsprechen. Was ich gesagt habe, war wahr, denn Wasser ist wirklich nass."

Später setzten sie sich in die Liegestühle zu Toni auf dem Vorderdeck. Nach einer Weile erzählte Toni, dass er in der Nacht geträumt hatte, in China gewesen zu sein. „Es war alles so wirklich!", meinte er. „Ich habe tatsächlich geglaubt, dass ich dort bin. Ich konnte die Chinesische Mauer sehen und den Kaiserpalast, die Pagoden und überhaupt alles!"

„Also", überlegte Harry, „wenn dir das alles so real vorgekommen ist, wieso glaubst du dann jetzt, dass du wach bist und dass China nur ein Traum war? Vielleicht ist diese Schifffahrt ein Traum, und China war Realität!"

Toni wusste, dass Harry ihn ärgern wollte, aber er hatte eine gute Antwort parat. „Das ist ganz einfach", erwiderte er. „Was in meinem Traum passiert ist, schien so wirklich wie sonst alles auch, während es passierte. Aber als ich aufgewacht bin, habe ich erkannt, dass ich in der Nacht nicht in China gewesen sein konnte, ohne mich daran erinnern zu können, wie ich dorthin und wieder zurück gekommen bin, oder an andere Einzelheiten. Also steht das, was im Traum geschehen ist, nicht in Einklang mit meinem sonstigen Leben. Es war nicht logisch nachzuweisen, also war es nicht wahr – so einfach ist das!"

Harry zuckte mit den Achseln, und Markus schwieg.

Nachdem das Schiff an der Landungsbrücke angelegt hatte, stürmten alle an Land, um das Schloss zu erkunden. Später machten sie sich daran, die Umgebung zu erforschen. Die drei Jungen trafen Mildred, Lisa und Laura, und gemeinsam beschlossen sie, die Wege auszukundschaften, die in die Wälder führten. Die meisten waren markiert. Aber schon bald folgten die Neugierigen einem Weg, der nicht beschildert war. Sie drangen immer weiter in den Wald vor. Der Weg wurde immer schmäler und war immer stärker zugewachsen, von Pflanzen überwuchert und schließlich hörte er ganz auf. Da bemerkten sie, dass sie sich verirrt hatten.

Eine Zeit lang wanderten sie umher, bis sie schließlich zu einem kleinen Bach kamen. Markus und Laura waren dafür, den Bach zu überqueren und in den Wald auf der anderen Seite zu gehen, weil sie hofften, dass sie dort bald auf eine Straße stoßen würden. Aber Harry wies darauf hin, dass sich der Wald auf der anderen Seite des Baches genauso gut über viele Kilometer erstrecken könnte.

„Tja", sagte Laura, „hat jemand eine andere Idee?"

„Was wir brauchen, ist ein Kompass", überlegte Mildred. „Hat irgendjemand einen dabei?"

„Du willst uns wohl verschaukeln?", murrte Toni.

Markus sagte: „Ich wünschte, wir hätten eine Karte. Dann könnten wir den Bach finden und dann wüssten wir, wo wir sind und wie wir von hier zum Schloss kommen."

„Aber wir haben keine Karte", meinte Harry.

„Mein Großvater hat einmal in dieser Gegend gewohnt", warf Toni ein. „Er kannte sie wie seine Westentasche. Er brauchte keine Karte. Er hatte eine klare Vorstellung von dem ganzen Gebiet. Wenn wir diesen Wald so gut kennen würden, wie er ihn gekannt hat, fänden wir mühelos wieder hinaus."

„Das ist einfach großartig, Toni!", spottete Lisa. „Wenn wir eine klare Vorstellung von diesem Wald hätten, dann hätten wir uns erst gar nicht verirrt!" Dann fügte sie hinzu: „Aber, wartet mal – warum gehen wir nicht einmal davon aus, dass dieser Bach in den Fluss mündet, auf dem wir gekommen sind? Wenn wir den Fluss gefunden haben, dann wissen wir auch, wo wir sind."

„Das ist eine gute Idee!", sagte Harry und die anderen stimmten zu, dass sie nichts dabei zu verlieren hätten, wenn sie Lisas Vorschlag befolgten.

Eine ganze Weile gingen die sechs am Ufer des Baches entlang. Gerade als sie aufgeben wollten, sahen sie plötzlich den Fluss und nicht weit entfernt stromaufwärts das Schloss.

Lisa konnte nicht anders, sie musste ein wenig damit prahlen, dass sie durch ihren Plan zurückgefunden hatten. „Wenn man es genau betrachtet, ist das wahr, was in Ordnung ist, wenn man danach handelt. Ich hatte eine Ahnung, wir haben danach gehandelt, und sie hat sich als wahr erwiesen. So einfach ist das."

„Wartet mal", Harry zögerte einen Augenblick. „Wie lautete der Satz, bei dem wir versucht haben, zu entscheiden, ob er wahr oder falsch ist?"

„Das war der Satz ‚Wenn wir dem Bach folgen, dann werden wir zurück zum Schloss kommen.'", antwortete Toni.

„Na bitte", meinte Markus aufgeregt, „was ihn also wahr gemacht hat, ist die Tatsache, dass wir zurückgefunden haben und das Schloss sehen. Wie ich schon sagte: Sehen ist glauben."

„Nein", widersprach Toni, „was die Aussage wahr gemacht hat, ist, dass sie mit der ganzen Gegend hier in Einklang steht – mit allem, was über dieses Gebiet bekannt ist. Wenn es nicht so gewesen wäre, würden wir noch immer im Wald herumstolpern."

Lisa lachte. „Das Schlimme an euch ist, dass ihr es nie zugeben könnt, wenn ihr im Unrecht seid! Was die Aussage betrifft ‚Wenn wir dem Bach folgen, dann werden wir zum Schloss kommen.', gibt es nur eine Möglichkeit mit Sicherheit festzustellen, ob sie wahr ist oder nicht."

„Dem Bach zu folgen", sagte Laura.

„Nicht ganz", antwortete Lisa. „Wir mussten eine Vermutung anstellen, wohin der Bach führen könnte. Was wir mit Sicherheit wussten, war, dass das Schloss am Fluss liegt. Und wir wussten mit Sicherheit, dass wir am Bach waren. Nun, die beste Vermutung, die wir anstellen konnten, war, dass der Bach in den Fluss münden würde. Und so sind wir dieser besten Vermutung gefolgt. Wir haben es versucht, und wie man sieht, haben wir zum Schloss zurückgefunden. Seht ihr denn nicht? Unsere Idee war wahr, weil sie funktioniert hat!"

Aber sowohl Toni als auch Markus riefen gleichzeitig: „Nein, sie funktionierte, weil sie wahr war!"

Episode Vierundzwanzig – *Die Kette und das Drahtseil*

„Großvater", platzte Mildred ohne Einleitung heraus, „bin ich dumm?"

„Ob du was bist?"

„Blöd. Dumm."

„Wie kommst du denn darauf?"

„Heute Nachmittag nach der Schule haben ein paar Kinder auf dem Spielplatz gesagt, ich wäre dumm."

„Hast du etwas getan, das ihnen Anlass dazu gegeben hat, das zu dir zu sagen?"

„Ich wollte nur über den Fußballplatz gehen, während sie dort trainiert haben. Sie haben nicht einmal ein Match gespielt – sie haben nur trainiert. Ich habe sie vielleicht ein bisschen behindert, aber das ist doch kein Grund zu sagen, dass ich dumm bin."

„Ich nehme an, das war das erste Wort, das ihnen eingefallen ist. Kannst du dir vorstellen, dass sie gesagt hätten ‚Mildred, du bist rücksichtslos!' oder ‚Mildred, wie gedankenlos von dir!' anstatt ‚Mildred, sag mal, bist du dumm?'"

Mildred musste lachen, trotz ihres Ärgers. „Ich nehme es ihnen eigentlich nicht übel."

„Manche Kinder sind eben so", meinte ihr Großvater.

„Sie ärgern mich ununterbrochen."

„Wenn sie so viel Zeit für dich aufbringen, müssen sie dich interessant finden."

„Ich wünschte, ich wäre so schlagfertig wie Jeanette. Aber ich weiß nie, was ich sagen soll."

„Manchmal ist es am besten, wenn man gar nichts sagt."

„Das *weiß* ich, aber wann ist was am besten? Ich mache oft meinen Mund auf, wenn ich ihn besser gehalten hätte, und dann wieder sag' ich nichts, wenn ich etwas hätte sagen sollen."

„Du wirst schon noch lernen, wann was besser ist."

„Sicher, und bis dahin werde ich als ‚Dummchen' bekannt sein, und ich werde noch ein großes ‚D' für dumm auf meinen Pullover nähen müssen." Mildred dachte an ihr neues Meerschweinchen, das Großvater ihr gekauft hatte. „Wenigstens hält mich Pedro nicht für dumm", sagte sie lachend.

„Ja, weil er dich besser kennt als diese Jungs", antwortete ihr Großvater. Dann fügte er hinzu: „Er weiß auch, wie gut du dich um ihn kümmerst und wie sehr du ihn liebst. Tiere spüren das genau, weißt du – in dieser Beziehung sind sie wie Kinder."

Mildred holte Pedro und kam mit ihm auf dem Arm wieder zurück. Dann wollte sie noch etwas wissen. „Großvater, bin ich ungeschickter als andere?"

„Manchmal vielleicht. Es gibt Menschen auf der Welt, die sicher geschickter sind als du, und Menschen, die besser schwimmen können als du. Und es gibt sogar Menschen, die besser tauchen können als du. Also glaube ich, dass es viele Menschen gibt, die alles Mögliche besser können als du."

Mildred lachte. „Nein, hör auf mich zu necken. Ich meine, bin ich ungeschickter oder dümmer als die anderen in meiner Klasse? Manche von ihnen wollen, dass ich mich so fühle. Ich weiß, meine Noten sind nicht die besten, aber bin ich deswegen dümmer?"

„Mildred", erwiderte ihr Großvater, „nimm an, ein Kind ist gut in Mathematik, ein anderes kann gut mit Tieren umgehen, ein anderes kann gut singen, ein anderes ist ein guter Tänzer und ein anderes ist gut in Geschichte, und wieder ein anderes kann gut Eislaufen – und so weiter. Würdest du sagen, dass irgendeines dieser Kinder dumm ist?"

„Ich seh' schon, was du meinst." Mildred dachte über die Äu-
ßerungen ihres Großvaters nach. „Und wie ist das, wenn man in
vielen Dingen ziemlich schlecht ist, und nur in einigen wenigen
gut? Und was ist, wenn die Dinge, die man nicht gut kann,
genau die sind, die in der Schule ständig beurteilt werden? Wäre
man dann nicht doch dumm?"

„Mildred, es gibt unheimlich viele Dinge, in denen jemand
stark oder schwach sein kann – wirklich eine Unmenge. Aber
natürlich gibt es immer wieder Menschen, die als Kriterium dafür, ob ein Mensch gut oder weniger gut ist, genau jenes Gebiet
nehmen, in dem *sie selbst* zufällig gut sind. Als ich noch als Wildhüter gearbeitet habe, hatte ich den Ruf, der Beste im Aufspüren
von Vogelnestern zu sein. Aber deshalb habe ich nie gedacht,
dass alle anderen Menschen dümmer seien als ich."

„Aber ich kann *kaum* etwas wirklich gut", jammerte Mildred.

Ihr Großvater lächelte. „Was hast du denn da um den Hals?"

Mildred verzog das Gesicht. „Das ist nur billiger Mode-
schmuck."

„Aber es ist eine Kette, nicht wahr? Eine Gliederkette?"

„Ja, und? Warum?"

„Und jedes Glied ist ein kleiner Ring aus Draht?"

„Ja."

„Braucht man viel Kraft, um die Kette abzureißen?"

„Nein, nicht viel. Wenn ich ein ganz klein wenig daran ziehe,
würde sich einer der Ringe öffnen, und die Kette wäre kaputt.
Jetzt verstehe ich – du willst mir damit sagen, dass eine Kette nur
so stark ist wie ihr schwächstes Glied."

„Ja, das wollte ich, aber du bist mir zuvorgekommen. Nun –
was ist der Unterschied zwischen einer Kette und einem Drahtseil?"

„Na ja, sie sind beide aus feinen Drahtstücken gemacht. Aber
bei einer Kette sind es lauter einzelne Glieder, die miteinander

verbunden sind. Und bei einem Drahtseil werden die Draht-
stückchen ‚Litzen‘ genannt und sind miteinander verflochten.“

„Und ist ein Drahtseil auch nicht stärker als seine schwächste
Litze?“

„Wenn ein Glied einer Kette bricht, bricht die ganze Kette.
Aber wenn eine Litze eines Drahtseils bricht, ist das Seil dadurch
nur ein kleines bisschen schwächer.“

Mildreds Großvater gefiel diese Erklärung offenbar. „Ist es
dann nicht auch möglich, dass eine Person, die viele, viele Stär-
ken hat, eine sehr gefährliche Schwäche haben kann, während
eine andere Person, die in vielerlei Hinsicht eher durchschnitt-
lich ist, diese durchschnittlichen Fähigkeiten vereinigen kann, so
wie die Litzen in einem Drahtseil, sodass sie diese Person sehr,
sehr stark machen?“

Mildred seufzte. „Großvater, ich würde dir so gerne glauben.“

„Tu‘ s doch. Kostet ja nichts!“

„Meine Eltern sagen nie so etwas zu mir. Die meiste Zeit tun
sie so, als ob ich gar nicht existieren würde. Ich frage sie was
und sie geben mir keine Antwort. Oder sie sagen mir, was ich
fragen wollte, noch bevor ich meine Frage ausgesprochen habe.
Sie nehmen mich nie ernst. Als ob ich nicht zählen würde, als
ob ich kein richtiger Mensch wäre. Wie soll ich mich selbst ernst
nehmen, wenn sie mich nie ernst nehmen?“

Mildred ließ den Kopf hängen, aber der Großvater hob sanft
ihr Kinn, sodass sie ihn ansehen musste. „Sie sind manchmal
unachtsam und rücksichtslos. Vielleicht auch oft. So wie du, als
du ohne zu denken über das Spielfeld gegangen bist. Wenn sie
so mit dir reden – gedankenlos –, ist das dir gegenüber sehr
unfair. Aber ich glaube nicht, dass sie es absichtlich tun, genauso
wenig wie du das absichtlich getan hast.“

„Aber sie sollten mich lieben! Wenn sie mich nicht lieben,
warum sagen sie es dann nicht? Sie sollten nicht so tun als ob!
Vielleicht wollten sie mich ja auch gar nicht!“ Mildred klammer-

te sich an ihren Großvater und weinte. Sie drückte ihr Gesicht an seine alte, abgetragene Jacke, während er ihr tröstend über den Rücken strich.

„Das Leben ist manchmal ziemlich verrückt, fürchte ich", sagte er sanft.

Mildred antwortete zuerst nicht darauf, aber nach einer Weile hörte sie zu schluchzen auf, sah ihn an und fragte: „Was meinst du damit?"

Er zuckte mit den Achseln. „Nicht viel. Aber es ist doch komisch. Ich kann mich erinnern, als ich in deinem Alter war, hatte ich eine lustige Idee. Eine wirklich lustige Idee."

„Was denn?"

„Ich dachte, ich wäre verrückt. Wirklich. Ich dachte, ich wäre absolut verrückt, während alle anderen um mich herum so normal und richtig waren, wie man es sich nur vorstellen kann."

„Ist das dein Ernst? Du? Du hast einmal gedacht, dass du verrückt bist? Wie ist das weitergegangen?"

„Ich habe lange gebraucht, um das Gefühl wieder loszuwerden. Allmählich habe ich begriffen, dass ich auch nicht eine Spur verrückter war als alle anderen. Vielleicht auch nicht weniger verrückt, aber auf jeden Fall nicht mehr als sie. Ich habe mit der Zeit erkannt, dass die Welt, in der wir leben – nun ja, irgendwie ist es eine verrückte Welt, aber sie vermittelt uns den Eindruck, dass *wir* diejenigen sind, die nicht in Ordnung sind, und nicht sie."

„Das ist komisch", sagte Mildred. „Heute in der Schule haben wir etwas über Kopernikus gelernt. Wie er bewiesen hat, dass – obwohl es so aussieht, als drehe sich die Sonne um uns – es in Wirklichkeit gerade umgekehrt ist: Wir drehen uns um die Sonne. Und doch hat man gesagt, Kopernikus sei verrückt. Also ist es vielleicht wirklich so, dass die *Welt* nicht ganz dicht ist und nicht wir."

„Richtig", ergänzte ihr Großvater. „Und wenn man mit Leuten zu tun hat, denen die Menschen völlig egal sind, kann es schon passieren, dass man glaubt, man *selbst* ist der- oder diejenige, der bzw. die dumm ist."

KAPITEL 11

„Harry", flüsterte Mildred über den Tisch in der Bibliothek, „hast du Großeltern?"

Harry schüttelte den Kopf.

„Aber du hast eine Katze, oder?", fragte Mildred und ignorierte Toni, der neben Harry saß und jetzt von seinem Buch aufsah und ihr einen finsteren Blick zuwarf.

Harry sah Toni entschuldigend an und deutete Mildred, mit ihm hinaus auf den Gang zu kommen, wo er ihr bestätigte, dass er einen Kater namens Mario hatte. „Warum willst du das wissen?", fragte er sie.

Mildred lächelte schwach. „Och, ich hab' nur gedacht, ich frag' dich mal. Ich weiß nicht, warum. Ich habe letzten Monat wieder ein Meerschweinchen bekommen. Es heißt Pedro. Und du kennst doch meinen Großvater? Ich liebe sie beide."

„Du liebst sie beide?"

„Sicher, warum denn nicht?"

„Ich weiß nicht. Es klingt nur ein wenig komisch, so wie du das sagst."

„Oh", erwiderte Mildred, „aber da ist ein Unterschied. Weißt du, mein Großvater und ich sind außerdem auch Freunde."

„Und mit Pedro bist du nicht befreundet?"

Mildred kicherte. „Nein, das ist doch wirklich zu dumm. Wie kann man mit einem Meerschweinchen befreundet sein? Ich liebe ihn, das ist alles."

„Kann man denn mit Tieren nicht befreundet sein?"

„Natürlich nicht, das ist doch Unsinn! Tiere und Menschen sind doch völlig verschieden, und wir können nur mit jemandem befreundet sein, der uns gleicht. Aber man kann alles lieben, egal wie groß oder wie klein es ist!"

„Aber ich kann noch immer nicht verstehen, wie du mit deinem Großvater befreundet sein kannst, wo er doch so viel älter ist als du."

„Harry, du bist manchmal wirklich schwer von Begriff! Weißt du denn nicht, dass es, wenn zwei Menschen Freunde sind, keine Rolle spielt, wie verschieden sie in mancher Hinsicht sind, denn soweit sie Freunde sind, gleichen sie einander auch. Wenn mein Großvater mit mir spricht oder Karten spielt, ist es so, als ob wir gleich alt wären."

Harry schwieg.

„Was ist denn?", fragte Mildred.

„Ich habe einen Kater, aber ich bin nicht sicher, ob ich ihn liebe. Ich bin nicht sicher, ob er nicht mein Freund ist."

„Das ist doch lächerlich, Harry. Wie kannst du so etwas sagen?"

Harry zuckte die Achseln. Dann fragte er: „Ist jeder, der dir gleicht, dein Freund?"

„Natürlich nicht. Viele in der Klasse gleichen mir, weil sie gleich alt sind wie ich, oder gleich groß sind wie ich, aber sie sind nicht alle meine Freunde. Aber wenn man einmal mit jemandem befreundet ist, akzeptiert man den anderen als seinesgleichen."

„Ah", sagte Harry. „Also gleichen alle Freunde einander, aber nicht alle, die einander gleichen, sind Freunde. Ich denke, das ist auch der Grund, warum man seine Freunde immer mag, und es vorkommen kann, dass man diejenigen, die einem gleichen, nicht immer leiden kann."

„Weißt du, Harry, es ist völlig egal, ob du Menschen magst oder nicht. Es ist egal, wie du für sie empfindest, sie müssen nur fair behandelt werden. Ich hasse es, wenn manche Schülerinnen und Schüler in der Klasse Privilegien haben, die andere nicht haben!"

„Wenn sie allen gewährt würden", bemerkte Harry trocken, „wären es dann noch Privilegien?"

Mildred lachte nicht. Sie schaute Harry nachdenklich an und sagte schließlich: „Mal sehen, ob ich es verstanden habe. Erstens muss man mit den Leuten auskommen, egal wie verschieden sie auch sind."

Harry nickte. „Da kommt es darauf an, fair zu sein."

„Und zweitens ist dann die Freundschaft –"

„– die uns automatisch gleich macht. Gibt es noch drittens?"

„Aber natürlich! Harry, wir haben doch gerade davon gesprochen. Das ist das, wo jeder erkennt, was an jeder anderen Person das Besondere ist. Das heißt, es ist eigentlich das, wo man erkennt, was das Besondere an allem ist. Deshalb liebe ich Pedro – da er etwas Besonderes ist. Und deshalb liebe ich meinen Großvater – weil er auch etwas Besonderes ist."

„So habe ich das noch nie gesehen", gestand Harry.

„Mir war das auch nicht bewusst, bevor du mich so gefragt hast."

„Mal sehen, ob ich das richtig verstanden habe: Erstens sollten wir im Umgang mit anderen fair sein, trotz aller Unterschiede. Im zweiten Fall zählen Unterschiede nicht. Und im dritten Fall sind es genau diese Unterschiede, die wir an anderen mögen."

„Du hast es irgendwie verändert", sagte Mildred eher zweifelnd.

„Ja, schon", stimmte Harry zu, „aber wie du gesagt hast, unter Freunden zählen Unterschiede nicht!"

Episode Sechsundzwanzig – *Herrn Partholds Herausforderung*

Herr Parthold ging zum Fenster. Dort stand er, blickte hinaus und schwieg. Seine Arme hatte er auf dem Rücken verschränkt, wie immer, wenn er tief in Gedanken versunken war. Dann plötzlich drehte er sich um.

„Machen wir so eine – wie nennt ihr es – eine ‚Debattierstunde' wie ihr es mit Herrn Kovacs immer macht."

„Wir nennen es nicht Debattierstunde, Herr Parthold. Wir haben überhaupt keine Bezeichnung dafür", erwiderte Markus.

„Was ich eigentlich wissen möchte, ist: Was wollt ihr beweisen?"

„Wir wollen gar nichts beweisen", sagte Mira. „Wir wollen nur verstehen, was vor sich geht."

Herr Parthold war ratlos. „Ich verstehe noch immer nicht, worauf ihr hinauswollt."

„Wir versuchen herauszufinden, wie wir unsere Meinungen beweisen bzw. begründen können", antwortete Maria.

„Welche Meinungen?", fragte Herr Parthold scharf.

Es herrscht absolute Stille, die Harry schließlich unterbrach, als er sagte: „Wir wollen nur zeigen, dass Kinder selbstständig denken können, Herr Parthold."

Herr Parthold sah Harry ernst an. „Schön, aber das ist nicht genug. Das ist einfach nicht genug. Warum sollte ich euch glauben, wenn ihr mir erklärt, dass alle Kinder selbstständig denken können? Das möchte ich gerne wissen."

Aber nun meldete sich Harry ganz aufgeregt zu Wort. „Herr Parthold! Sehen Sie denn nicht – es ist *unmöglich* – *einfach unmöglich*, dass wir Ihnen ein für alle Mal beweisen, dass Kinder selbstständig denken können, weil wir unsere Gründe auch nicht ein für alle Mal beweisen können. Vielleicht kann man *überhaupt nichts* ein für alle Mal beweisen. Das ist vielleicht gar nicht so schlecht. Wenn Sie denken, dass wir Unrecht haben, sollten *Sie* uns jetzt vielleicht zeigen, warum wir Unrecht haben!"

„Das ist richtig", stimmte Lisa zu. „Herr Parthold, es ist doch so: Gewöhnlich nehmen doch alle an, dass wir nicht selbstständig denken können, und für viele von uns ist es langwierig und schwer zu beweisen, dass wir es können, weil uns niemand wirklich zuhören will. Aber warum kann man nicht annehmen, dass Kinder selbstständig denken *können*, solange niemand beweisen kann, dass es nicht so ist?"

Herr Parthold sah einen Moment aus dem Fenster, dann wandte er sich wieder den Schülerinnen und Schülern zu. „Wäre es nicht besser, wenn ihr uns einfach glaubt, dass wir Recht haben? Schließlich sind wir doch eure Lehrer. Warum müsst ihr immer für alles Gründe verlangen?"

„Nicht für alles!", unterbrach ihn Markus. „Nicht für alles! Nur für das, was uns beunruhigt und uns Sorgen bereitet."

„Das ist richtig", stimmte Harry Markus zu. „Es hat keinen Sinn, *alles* beweisen zu wollen, aber wann immer uns etwas unklar ist und wir Fragen haben, sollten wir doch nach guten Gründen für unsere Überzeugungen suchen."

„Aber seht ihr denn nicht", fuhr Herr Parthold fort, „jeder Grund stellt eine weitere Meinung dar, dann müsstet ihr dafür auch wieder Begründungen finden, sodass ihr nie damit fertig werdet. Das ist doch endlos."

„Das wissen wir, Herr Parthold", antwortete Lisa ruhig, „das wissen wir."

Herr Parthold verschränkte die Arme vor der Brust. „Ich höre immer ‚selbstständig denken'. Wer kann mir sagen, was das bedeutet? Und wie unterscheidet es sich von ‚denken' an und für sich?"

Niemand wagte zu antworten. Schließlich meldete sich Markus. „Na los, Leute, wir können doch eine Antwort darauf finden. Warum versuchen wir es nicht einmal der Reihe nach?

Einer sagt, was er denkt, was ‚denken' ist, und der nächste sagt dann, was ‚selbstständig denken' ist."

„Ich fange an", meldete sich Toni freiwillig. „Denken bedeutet, Dinge herauszufinden."

„Und selbstständig denken bedeutet, etwas herausfinden, das besonders für einen selbst von Bedeutung ist", sagte Mira.

„Denken", begann Maria, „ist wie wir wissen, was aus dem folgt, was jemand sagt."

„Aber wenn man selbstständig denkt", bemerkte Hassan, „bedeutet das, dass man herausfinden kann, was aus den eigenen Gedanken folgt."

„*Ich* weiß es", verkündete Mildred. „Wenn jemand denkt, erwägt er, was möglich ist."

„Richtig", antwortete Markus. „Aber wenn eine Person selbstständig denkt, erwägt sie, was für sie möglich ist – wie sie ihre Gedanken und Ideen nützen könnte."

„Denken", schlug Sigi vor, „ist einfach, dass einem Gedanken durch den Kopf gehen."

„Vielleicht", stimmte Harry zu. „Aber wenn man selbstständig denkt, ordnet man seine Gedanken und macht etwas daraus."

Michi meinte: „Wenn man herausfinden kann, warum jemand so denkt, wie er denkt, dann denkt man. Aber wenn man Gründe für seine eigenen Ansichten herausfinden kann, dann denkt man selbstständig."

„Wenn man so denkt, wie alle anderen, dann denkt man", erwiderte Markus. „Aber wenn man seine eigene Denkweise findet, dann denkt man selbstständig."

„Ich denke, es ist so", begann Lisa. „Ich glaube nicht, dass man Gründe braucht, um zu denken, und ich glaube, man braucht nicht einmal bestimmte Gedanken. Wenn man z.B. ein Problem hat und versucht, damit fertig zu werden, denkt man, aber es kann sein, dass man gerade keinen bestimmten Gedanken im

Kopf hat. Wenn es aber *mein* persönliches Problem ist, und *ich* beschäftige mich damit, dann denke ich selbstständig."

Jetzt zeigten plötzlich viele Schülerinnen und Schüler auf. „Lisa hat Recht!", pflichtete Anna ihr bei. „Wenn ich versuche ein Bild zu malen, denke ich wirklich angestrengt, und ich denke selbstständig, weil es *mein* Bild ist, aber ich denke nicht in Worten, ich denke in Farben."

„Ja, genau", rief Willi. „Wenn ich Basketball spiele, muss ich denken, wie ich am besten zum Korb laufen und wie ich den Ball werfen könnte, aber es ist nicht so, dass ich in Worten denke, während ich spiele. Es ist, als ob ich mit dem ganzen Körper denke."

„Und wenn ich singe", sagte Gabi mit ihrer warmen, vollen Stimme, „denke ich ständig daran, wie ich die nächste Note richtig singe, aber ich denke nicht in Worten, ich denke in Tönen."

„Sehen Sie jetzt", sagte Lisa zu Herrn Parthold gewandt, „dass es einen großen Unterschied zwischen ‚denken' und ‚selbstständig denken' gibt. Aber es gibt auch viele, viele verschiedene Denkweisen, und für einige davon verwendet man Gründe, für andere nicht, und bei einigen denkt man in Worten, bei anderen nicht, und einige zielen darauf ab, herauszufinden was daraus folgt, aber andere nicht."

„Außerdem", sagte Harry, „denken einige von uns langsam, und andere denken wirklich schnell, blitzartig. Aber ob man schnell oder langsam denkt, hat nichts damit zu tun, ob man gut oder schlecht denkt."

Harry machte eine Pause und es schien, als ob er alles gesagt hätte, aber dann fuhr er fort: „Es geht darum, seine Gedanken zu verbinden und in einen Zusammenhang zu bringen."

„Und das mache ich, wenn ich ein Gedicht schreibe", sagte Suki.

Herr Parthold nickte. „Ich sehe, ihr habt alle über das Denken nachgedacht", bemerkte er sanft. „Ich muss euch dankbar sein, dass ihr mir eure Ansichten mitgeteilt habt, als ich euch dazu herausgefordert habe. Aber vergesst nicht – *ich* habe euch dazu herausgefordert! Ich habe euch zum Denken *animiert*! Ich stimme zwar mit vielen eurer Antworten nicht überein, aber seid uns wenigstens dankbar dafür, dass wir euch hier in der Schule die Möglichkeit bieten, eure Meinungen mitzuteilen."

„Sicher, Herr Parthold", sagte Markus leise. „Sie haben uns herausgefordert. Aber hätten Sie das so gut gekonnt, wenn wir nicht schon selbst zu denken begonnen hätten?"

Herr Parthold antwortete nicht. Er nickte nur und winkte, als er ging.

EPISODE SIEBENUNDZWANZIG – *Kios Lied*

Suki schaute in Kios Zimmer. „Was ist los, Kio? Kannst du nicht schlafen?"

„Allez in Ordnung. Ich denke."

Suki ging hinein und setzte sich zu ihm ans Bett. „Woran denkst du?"

„Mein Lied."

„Welches Lied?"

„Daz, daz ich mir zelbzt vorzinge."

„Du singst dir selbst ein Lied vor? Ich habe dich noch nie gehört."

„Ich zumme ez."

„Ja, aber wann?"

„Wenn ich zlafen gehe."

„Ah, wenn du schlafen gehst. Deshalb habe ich es noch nie gehört. Du musst es sehr leise summen."

„Ja." Kio lächelte.

„Kio?"

„Mmm?"

„Was ist das für ein Lied? Ich meine, wie geht es? Kannst du den Text?"

„Ich kann den Text nicht. Ich weiz nur, daz Mama mir daz Lied immer vorgezungen hat."

„Kio! Du kannst dich erinnern, dass sie dir vorgesungen hat?"

„Ja."

„Wie ging es? Kannst du es für mich summen?"

Kio nickte und summte das ganze Lied. Als es zu Ende war, rief Suki: „Kio! Das ist dasselbe Lied, das sie mir immer vorgesungen hat! Ich hätte nie gedacht –"

Kio unterbrach sie: „Du kennzt ez?"

„Du meinst, ob ich den Text kenne?", Suki lächelte. „Sicher. Er ist sehr schön." Sie sang ihm das Lied vor. Kio hörte Suki glücklich zu, und plötzlich fielen auch ihm die Worte wieder ein. Er bat sie, das Lied mit ihm so oft zu singen, bis er sich sicher war, dass er den ganzen Text richtig behalten hatte.

Einige Minuten später öffnete sich die Tür ein wenig weiter und Herr Tong kam zu ihnen ins Zimmer. Er lächelte Kio zu. „Erzählt dir Suki eine Gutenachtgeschichte?", fragte er sanft.

„Nein", antwortete Kio. Dann rutschte er ein wenig zur Seite, machte seinem Vater Platz auf dem Bett und sagte: „Zuki und ich wollen dir etwaz vorzingen."

„Gerne. Fangt an, ich höre."

Sie sangen das Lied fehlerfrei durch:

La le lu
Nur der Mann im Mond schaut zu
Wenn die kleinen Babys schlafen
Drum schlaf auch du

La le lu
Vor dem Bettchen steh'n zwei Schuh
Und die sind genauso müde
Gehn jetzt zur Ruh

Dann kommt auch der Sandmann
Leise tritt er ins Haus
Such aus seinen Träumen
Dir den schönsten aus

La le lu
Nur der Mann im Mond schaut zu
Wenn die kleinen Babys schlafen
Drum schlaf auch du

Sind alle die Sterne
Am Himmel erwacht
Dann sing ich so gerne
Ein Lied dir zur Nacht

La le lu
Nur der Mann im Mond schaut zu
Wenn die kleinen Babys schlafen
Drum schlaf auch du

Herr Tong nahm sie beide in die Arme und drückte sie ganz fest an sich. Er sagte ihnen, wie sehr er das Lied mochte. Und als Suki ihm ins Gesicht sah, bemerkte sie, dass Tränen in seinen Augen standen.

Episode Achtundzwanzig – *Frau Terry findet einen Job*

„Mama, weißt du, was wir heute in der Schule besprochen haben?"

„Nein, was denn, Lisa?"

„Wir haben überlegt, ob wir Herrn Kovacs ein Abschiedsgeschenk überreichen sollen."

„Das ist aber eine nette Idee."

„Er kann nicht bis zum Ende des Schuljahrs bleiben. Er wird an der neuen Schule gebraucht."

„Iss etwas Brokkoli!"

„Mama, du weißt, dass ich Brokkoli nicht mag!"

„Nun, dann nimm eine Hühnerkeule."

„Gibt es noch etwas anderes zu essen?"

„Nein, das ist alles. Was ist los?"

„Vielleicht werde ich doch etwas Brokkoli probieren."

„Das freut mich. Brokkoli ist gesund und gut für dich. Nimm auch Reis!" Lisas Mutter beobachtete sie und fragte schließlich: „Wirst du nichts vom Huhn essen?"

„Nein, Mama. Ich habe beschlossen, kein Fleisch mehr zu essen. Ich hätte es dir sagen sollen."

„Warum willst du kein Fleisch mehr essen?"

„Ich habe herausgefunden, dass ich, wenn ich Tiere wirklich liebe, sie nicht essen darf. Aber ich habe sie gegessen; also..."

„Wirst du also kein Fleisch mehr essen?"

„Ist das für dich in Ordnung? Macht es dir etwas aus?"

„Nein, wenn es das ist, was du willst, dann ist es das, was du willst."

„Du kannst mir viele Salate machen. Und ich werde lernen Gemüse zu essen – ehrlich, das werde ich!"

„Es ist komisch, so wie du das sagst, erinnert es mich an etwas, das vor langer Zeit geschehen ist."

„An was?"

„Als ich ungefähr in deinem Alter war – nein, das ist falsch, ich war viel jünger als du. Egal, meine Mutter hat mich oft ausgelacht. So sagte ich eines Tages zu ihr: ‚Wenn du mich lieb hättest, würdest du mich nicht auslachen.' Und weißt du, was sie getan hat?" Lisas Mutter lachte: „Sie hat wieder gelacht, weil ich das gesagt hatte. Ich habe mich überhaupt nicht ernst genommen gefühlt."

Lisa war verwundert, dass ihre Mutter darüber lachen konnte.
„Aber du hattest Recht mit dem, was Du ihr gesagt hast!"

„Sicher hatte ich Recht! Aber das hat für sie keine Rolle gespielt. Sie hat einfach weiter gelacht."

„Aber das passt doch überhaupt nicht zusammen!"

„Ja, ich weiß. Aber sie hat nicht so gedacht. Sie hat mich immer wieder ausgelacht und sie hat mich immer geliebt. So war sie."

„Man sollte nicht verletzen, was man liebt."

„Natürlich nicht. Man sollte niemanden verletzen. Ich habe bloß versucht dir zu zeigen, dass ich falsch gelegen haben könnte, als ich sagte: `Wenn du mich lieb hättest, würdest du mich nicht auslachen.` Sie liebte mich – Ich weiß es."

„Willst du mir damit sagen, dass ich Tiere lieben und sie trotzdem essen kann?"

„Lisa, ich denke, ich versuche dir gar nichts zu sagen. Ich stimme mit dem, was du vorhin gesagt hast überein: Das was du tust, sollte mit dem, was du sagst, übereinstimmen! Du solltest darüber nicht einmal nachdenken müssen, du solltest einfach so leben. Aber falls es eine Ausnahme gäbe, sollte es einen guten Grund dafür geben."

Lisa schaute auf ihren Teller und sagte. „Ich bleibe dabei – kein Fleisch mehr!"

„Für mich ist das okay, Lisa. Übrigens, ich habe einen Job!"

Lisa sah ihre Mutter ungläubig an.

„Ja, du hast richtig verstanden. Ich habe Dr. Martin, den Zahnarzt, angerufen, um einen Termin zu vereinbaren. Und um es kurz zu machen, er hat im Moment keine Arzthelferin. Also erzählte ich ihm, dass ich als Arzthelferin gearbeitet habe. Er hat mit mir eine 14-tägige Probezeit vereinbart."

Lisa sah ihre Mutter groß an, dann sprang sie von ihrem Sessel auf und umarmte sie. „Mama, ich kann es nicht glauben! Du hast es einfach so gemacht – ich kann es nicht glauben!"

„Ich wusste, du würdest stolz auf mich sein. He, wisch deine Nase nicht an meinem Kleid ab!"

„Ich habe kein Taschentuch – Mama, ich *bin* stolz auf dich!"

„Hier hast du ein Taschentuch, putz deine Nase."

Lisa putzte ihre Nase und trocknete ihre Augen. „Wir brauchen nicht umzuziehen?"

„Ich denke nicht – wenn ich den Job behalten kann."

„Du behältst ihn sicher – du wirst sehen, Mama. Du wirst die beste Arzthelferin sein, die es je gegeben hat." Lisa betrachtete ihre Mutter genau. „Außerdem Mama, in dem weißen Outfit wirst du toll aussehen – und wenn du dein Haar aufsteckst..."

„Ist etwas mit meinen Haaren nicht in Ordnung? Dein Vater hat es so am liebsten gehabt."

„Ja, Mama, aber die Dinge ändern sich. Ich wette, wenn du dir die Haare schneiden lässt, siehst du zehn Jahre jünger aus."

„Du lässt dir deine Haare ja auch nicht schneiden!"

Lisa warf ihre Haare nach hinten. „Denkst du vielleicht, dass *ich* zehn Jahre jünger aussehen möchte? Dann würde ich ja noch Windeln tragen!" Sie lachten, umarmten sich und hielten einander fest.

„Gut, ich werde darüber nachdenken. Übrigens, hast du nicht gesagt, dass ich nächste Woche zu eurem Musical in die Schule kommen soll?" fragte Lisas Mutter.

Lisa studierte das Gesicht ihrer Mutter genau. „Ja sicher bist du eingeladen. Gehen wir zusammen hin? Viele Eltern und Großeltern werden da sein."

„Ja, ich glaube, ich komme mit", sagte Lisas Mutter nachdenklich.

„Ich habe dich jetzt nicht dazu überredet. Es liegt ganz bei dir. Nicht, dass du dann im Nachhinein sagst, dass ich dich dazu gezwungen habe."

Ihre Mutter lachte wieder. „Du musst mich nicht zu etwas überreden, was ich sowieso tun wollte."

EPISODE NEUNUNDZWANZIG – *Die Überraschungsparty*

Einige Tage später veranstalteten die Schülerinnen und Schüler für Herrn Kovacs eine Überraschungsparty. Als sie nach und nach ins Klassenzimmer kamen, blickten alle immer wieder aus dem Fenster, da sich ein Unwetter zusammenbraute. Einige meinten, dass es bald regnen würde; andere wiederum sagten, es würde bald schneien. Aber niemand hätte gedacht, dass es in wenigen Augenblicken hageln würde.

Schon bald prasselten Hagelkörner gegen die Fensterscheiben, und dann begann es stark zu schneien. Sie öffneten die Fenster, sammelten Schnee und Eis vom Fensterbrett und formten damit Bälle. Und dann – wie sollte es auch anders sein – begannen einige, sich gegenseitig mit Schneebällen zu bewerfen. Schon bald war der Boden rutschig und nass, hier und dort knirschte das Eis unter den Schuhen. Dann begannen einige Jungs, den Mädchen Schnee hinten in den Kragen zu stopfen, und sofort versuchten die Mädchen bei den Jungen dasselbe. Schließlich holte Sigi Besen und Schaufel, und zusammen mit Hassan begann er das Eis und den Schnee aufzukehren. Sie hatten gerade alles wieder so ziemlich in Ordnung gebracht, als Herr Kovacs in die Klasse kam. Alle riefen gleichzeitig: „Überraschung! Überraschung!"

Herr Kovacs war wirklich überrascht. Dann grinste er und sagte: „Ich habe auch eine Überraschung für euch." Er ging hinaus auf den Gang und einen Moment später kam er mit einer jungen Frau wieder zurück. Er stellte sie als Heather vor.

„Und wir haben noch eine Überraschung für euch", sagte er. „Heather und ich werden morgen heiraten."

Da ertönten überall Hochrufe und alle gratulierten den beiden.

„Herr Kovacs", sagte Markus, „wir sind nie dazu gekommen, Ihnen zu Ihrer Beförderung zu gratulieren. Sie haben uns damals vielleicht einen Schreck eingejagt."

Dann fiel Michi, Markus und Lisa ein, dass sie vorgehabt hatten, Erfrischungen bereitzustellen. Aber Herr Kovacs hatte sie überrascht, weil er früher als erwartet gekommen war. Jetzt stürzten sie los, um die Getränke zu holen. Becher wurden ausgepackt, und Mildred hatte Kuchen mitgebracht, den sie mit Hilfe ihres Großvaters gebacken hatte. Inzwischen hatte Rudi seine Gitarre hervorgeholt, und schon bald erzitterte das Klassenzimmer von lauter Rockmusik – das heißt, um genau zu sein, das ganze Schulgebäude schien ein wenig zu beben. Die Stühle wurden an den Rand geschoben, und einige Schülerinnen und Schüler begannen zu tanzen. Alle waren so beschäftigt mit den Erfrischungen und der Musik, dass nur Markus Herrn Parthold bemerkte, der kurz ins Zimmer schaute, lächelte und weiterging.

„Herr Kovacs", sagte Harry, „es war einfach toll mit Ihnen."

„Ja", meinte Markus, „wirklich gut."

Andere Schülerinnen und Schüler bedankten sich, dass er ihnen geholfen hatte, über das Denken nachzudenken.

„Es war wirklich Spitze!", sagte Mildred.

„Stark", meinte Rudi.

„Cool", bemerkte Anna.

„Super", sagte Maria.

Lisa schüttelte Heather und Herrn Kovacs die Hand. „Sie werden sehr glücklich sein." Sie lachte.

Heather lächelte. „Es ist schwer sich vorzustellen, dass wir noch glücklicher werden können, als wir es schon sind."

Markus und Mira tanzten mit Abstand am besten, und alle bewunderten, wie leicht und mühelos sie sich zur Musik zu bewegen schienen. Mildred hingegen hüpfte einfach ungestüm hin und her, aber sie war entschlossen, Harry dazu zu bewegen, mit ihr zu tanzen. Und schon bald machte Harry ziemlich unbeholfene Versuche, es ihr gleichzutun.

Zuerst konnte Lisa sich nicht dazu überwinden mitzumachen. Sie schüttelte nur den Kopf, wenn sie gefragt wurde, zu sich selbst aber sagte sie: „Ich kann nicht tanzen." Dieser Satz dröhnte noch lauter in ihrem Kopf als die Musik. Plötzlich tanzte Markus auf sie zu, nahm sie an der Hand, und sie ließ sich von ihm auf die Tanzfläche ziehen. Ihre Unbeholfenheit war vergessen, alles schien so einfach und natürlich, sie bewegte sich zum Rhythmus der Musik.

Ein Gedanke schoss Lisa durch den Kopf: „Ich hab' einmal gesagt, wenn man fest an etwas glaubt, dann wird es wahr. Aber ich habe nicht geglaubt, dass ich tanzen kann. Und es ist trotzdem wahr geworden!"

Aus den Augenwinkeln konnte Lisa beobachten, wie sich Heather anmutig um Herrn Kovacs drehte. Dann wandte sie wieder Markus ihre ganze Aufmerksamkeit zu.

„Es ist irgendwie unwirklich, nicht?", fragte er sie.

„Nein", antwortete sie, „es ist alles wirklich. Alles."

Nachwort

„LISA" ist ein Buch, das von der Alltagspraxis ausgeht. Ein Buch für Jugendliche über Lebensformen und über die Kunst des Lebens. Dennoch ist es kein Ratgeber, Lexikon oder Handbuch, das über die verschiedenen Moralvorstellungen, Lehren oder ethische Theorien berichtet, bestimmte Antworten auf elementare Fragen gibt oder verbindliche Handlungsgrundlagen verkündet. Es ist ein Buch über das Leben von jungen Menschen, die vieles hinterfragen, neugierig sind, eigenständig nach Begründungen von Werten, Normen und Regeln suchen und schließlich Handlungsmaximen in unterschiedlichen Lebenssituationen erforschen. Es ist eine Anstiftung zum Philosophieren, eine Ermutigung zur Selbstgestaltung und zum autonomen Denken. Ziele sind die Entwicklung einer demokratischen Dialogkultur, die Stärkung von Reflexionskompetenz und die Verbesserung der Urteilsfähigkeit.

Der Autor: Matthew Lipman (1923-2010) US-amerikanischer Philosoph, Logiker und Pädagoge ist der Pionier der Kinder- und Jugendphilosophie. Geprägt von John Deweys Modell der wissenschaftlichen Untersuchung entwickelte er ein Curriculum, bestehend aus philosophischen Kinder- und Jugendbüchern und dazugehörigen Manuals für Erwachsene. Ziel ist die Entwicklung einer Dialogkultur, die Förderung des kritischen, kreativen und einfühlsamen Denkens „caring thinking" und die Transformation von Schulklassen in Forschungsgemeinschaften „Communities of Inquiry". Das Bildungsprojekt „Philosophieren mit Kindern und Jugendlichen" wird heute in mehr als siebzig Ländern erfolgreich praktiziert und ist von der UNESCO anerkannt. Es wird in unmittelbarem Zusammenhang mit der Unterstützung der Demokratie- und Urteilsfähigkeit gesehen, da Kinder und Jugendliche, wie auch Erwachsene zur Reflexion angeregt und für ethische Konfliktsituationen sensibilisiert werden. Matthew Lipman ist der Gründer des IAPC "Institute for the Advancement of Philosophy for Children".

Die Herausgeberin und Übersetzerin Daniela G. Camhy hat LISA und „Ethische Untersuchungen" für das Deutsche neu bearbeitet. Sie ist Gründerin des ersten Instituts für Kinder- und Jugendphilosophie in Europa. Sie ist Philosophin, lehrt am Institut für Philosophie an der Universität Graz (A) und wurde unter anderem mit der Ehrendoktorwürde der Montclair State University und mit dem internationalen Preis für Humanismus der Henri La Fontaine Foundation, der ihr von Stéphan Hessel überreicht wurde, ausgezeichnet. Ihre Arbeitsgebiete sind Sprachphilosophie, Digitale Ethik, Praktische Philosophie, Philosophieren mit Kindern und Jugendlichen, Philosophiedidaktik, Politische Bildung, Menschenrechte, Demokratieverständnis.